KB133378

무예
예
인문학

무예 인문학

ⓒ 최형국, 2017

초판 1쇄 2017년 4월 28일 찍음
초판 1쇄 2017년 5월 8일 펴냄

지은이 | 최형국
펴낸이 | 강준우
기획 · 편집 | 박상문, 박효주, 김예진, 김환표
디자인 | 최진영, 최원영
마케팅 | 이태준
관리 | 최수향
인쇄 · 제본 | 제일프린테크

펴낸곳 | 인물과사상사
출판등록 | 제17-204호 1998년 3월 11일

주소 | (121-839) 서울시 마포구 서교동 392-4 삼양E&R빌딩 2층
전화 | 02-325-6364
팩스 | 02-474-1413
www.inmul.co.kr | insa@inmul.co.kr

ISBN 978-89-5906-442-7 03910

값 15,000원

이 저작물의 내용을 쓰고자 할 때는 저작자와 인물과사상사의 허락을 받아야 합니다.
파손된 책은 바꾸어 드립니다.

이 도서의 국립중앙도서관 출판시도서목록(CIP)은 서지정보유통지원시스템 홈페이지(http://seoji.nl.go.kr)와
국가자료공동목록시스템(http://www.nl.go.kr/kolisnet)에서 이용하실 수 있습니다.
(CIP제어번호: CIP2017009806)

무예 인문학

전통 무예에 담긴 역사·문화·철학

● 최형국 지음

우리가 잃어버린 '몸의 인문학'을 찾아서

무예武藝는 문화의 산물이다. 무예는 시간이 흐름에 따라 변하면서 당대 신체 문화의 정수를 보여준다. 같은 스승이나 조직에서 무예를 전수받는다 하더라도 제자마다 모양새나 기술이 조금씩 달라진다. 스승을 뛰어넘는 청출어람형 제자가 있다면 그 무예는 깊이를 더하며 발전하게 된다. 무예의 그러한 변화는 자연스러운 몸짓의 전환이며 몸 문화 발달의 초석이 된다.

무예 안에도 인문학이 담겨 있다. 인문학은 말 그대로 사람人과 사람이 만든 문화文를 연구하는 학문이다. 그래서 어떤 사람은 인문학을 동물과 다른 '인간다움을 연구하는 학문'이라고 표현하기도 한다. 인간다움을 연구하는 것의 바탕에는 '인간' 그 자체가 있다. 무예는 인간의 생존 본능과 가장 밀접하게 연관되어 있기에 인문학의 출발점이라고 할 수 있다.

무武라는 글자를 파자破字해 무예의 본질은 '창戈을 그치게止 하는 것'이라고 설파하는 사람도 있다. 그러나 여기에는 정치적인 계산이 깔려 있다. 군사력을 장악한 권력자가 무력 충돌이 일어나는 것을 방지하기 위해 만들어놓은 노림수인 것이다. '지과위무止戈爲武'라는 말을 언급했던 역사 속 인물의 면모를 보면 대부분 강력한 군사력을 추구했던 왕이다.

　무武의 상형문자를 살펴보면, 그칠 지止가 발바닥θ의 형태를 묘사한 데에서 출발했다는 것을 알 수 있다. 발을 나타내는 족ﬞ은 입을 가진 사람이 움직이는 모습을 의미하는 것이다. 달리다는 뜻의 주走나 걸음을 뜻하는 보步 역시 글자 위아래에 이런 의미가 담겨 있다. 움직일 수 있어야 멈추는 것이 의미가 있다. 그칠 지에는 인간이 걸어온 발자취라는 의미가 담겨 있다.

　인간이 어깨에 창을 메고 힘차게 걸어가는 모습이 바로 무武의 본질인 셈이다. 그러한 진취적인 모습이 있었기에 인간이 자연에서 살아남을 수 있었다. 거친 자연 속에서 살아남기 위해 인간을 야성적으로 만든 것이 무예다. 효과적으로 살아남기 위한 수많은 지혜가 집약된 것이 무예기도 하다. 무예에는 지성과 야성이 함께 남아 있다.

인간이 걸어온 그 길은 곧 역사의 길이자 생존의 길이다. 인간이 엄혹한 자연 속에서 살아남기 위해 갈고닦은 무예는, 인간다운 모습을 유지하기 위한 최선의 선택이기도 했다. 인류가 공동체생활을 하게 되면서 무예는 공동체의 에너지를 집결시켜 군사력으로 발전하거나 다양한 축제의 현장에서 유희의 수단으로 발전하게되었다. 무예는 고구려의 동맹東盟이나 부여의 영고迎鼓 같은 제천의식의 핵심 요소였다. 하늘에 올리는 제사에 앞서 인간과 인간이 서로 몸을 맞대고 풀어내는 무예에는 진솔하고 인간적인 움직임이 담겨 있기 때문이다.

무예와 무예를 수련한 사람들의 모습을 들여다보면 당대의이야기를 더 쉽게 이해할 수 있다. 무예는 과학기술과 달리 '내 몸'안에서 완성되어 전해지기 때문이다. 이것이 인간의 몸을 통해 완성된 무예가 인문학의 핵심으로 자리 잡을 수 있는 이유다. 인간에대해 잘 알아야 무예의 본질을 깨달을 수 있고, 인간들이 모인 전투집합체인 군대를 온전하게 운영할 수 있다. 무예를 통해 지켜야 할것이 무엇이고, 그것을 통해 어떤 미래가 펼쳐질지 고민하는 것 역시 무예를 통한 인문학적 접근이 될 것이다.

인문학은 인간에게 다가가는 학문, 즉 인간을 위한 학문이다. 뛰어난 정신문화에만 집착해 인간이 만들어낸 문학이나 사상에만 몰두하는 것은 반쪽짜리일 수밖에 없다. 정신을 살아 숨 쉬게 하는 것은 몸이기 때문이다. 무예 속에는 인간의 마음이 땀과 눈물과 함께 버무려져 진솔하게 담겨 있다. 이제 몸으로 생각할 때다.

이 책에 실린 글들은 무예를 통해 얻은 생각을 인문학을 공부하며 풀어낸 것이다. 이 글을 연재하도록 도와주신 『e수원뉴스』의 김우영 선생님과 『경기신문』의 정준성 주필께 한없는 고마움을 전한다. 지난 20여 년 동안 낮에는 전투마를 타고 칼을 휘두르며 밤에는 곰팡내 나는 사료를 뒤졌다. 나는 역사학자기 전에 한칼 제대로 휘두를 줄 아는 검객劍客이고 싶다. 무예를 통한 '몸공부'와 인문학을 통한 '머리공부'는 하나로 이어진다. 매 순간 깨우치고 또 잊어버리기에 수없이 반복해야 몸과 머리가 자유로워지고, 그때야 비로소 마음이 편해진다.

그동안 무예는 무사 집단의 전유물로만 이해되어왔다. 그러나 무예에는 많은 삶의 이야기가 담겨 있고, 우리 전통의 몸 문화가 담겨 있다. 한국 무예에는 한국만의 몸짓, 삶, 철학이 담겨 있으며 동시에 가장 보편적인 세계화 가능성도 품고 있다. 무예와 역사학 공부를 통해 만난 수많은 인연이 나를 여기까지 이끌었다. 앞으로 새롭게 만날 인연이 궁금하다.

내 생애 최고의 축복 아내 '바람돌이'
사랑스런 아이들 '윤서'와 '기환'에게 주는 일곱 번째 선물

2017년 4월
봄빛으로 찬란한 화성華城의 뒤안길,
한국전통무예연구소에서
최형국 씀

차례

제2부 몸으로 읽는 인문학

제5장. 무예는 몸으로 실천하는 인문학

제
1
부

무예에 담긴 인문학

〈평양감사향연도平壤監司饗宴圖〉 중 〈부벽루연회도浮碧樓宴會圖〉, 국립중앙박물관 소장

김홍도의 작품으로, 새로 부임한 평양 감사가 벌이는 화려한 연회를 그린 그림이다. 장막이
드리워진 부벽루 안에 평양 감사가 앉아 있다. 앞마당에는 악사들이 앉아 있고 그 앞에서
무용수들이 헌선도, 처용무, 검무, 무고舞鼓 등을 추고 있다. 이 춤들은 함께 그려져 있지만
실제로는 순서대로 추었을 것으로 추정한다. 검무는 축제나 연회 등에서 빠질 수 없는 요소
였으며, 무예가 우리 문화에서 얼마나 중요한 역할을 했는지 잘 보여주는 콘텐츠다.

무예는
문화의 산물이다

인류는 불을 다루고, 도구를 만들어 사용하면서 비약적인 발전을 거듭했다. 불은 어둠을 쫓아내는 신성한 빛이었으며, 도구의 발달은 식량 확보와 전투력 향상에 결정적인 역할을 했다. 도구가 발명되고 몸에 관한 인식이 확대되면서 탄생한 무예는 전투 기술을 높이는 원동력이 되었다. 인류가 거친 자연과 투쟁하면서 사람답게 살아가기 위해 갈고닦은 기술로 무예가 자리 잡게 된 것이다. 무예는 피 튀기는 경기로도, 아이들의 놀이로도 변화했다. 그 대표적인 것이 조선시대 최고의 놀이이자 스포츠 경기였던 봉희棒戲다.

격구擊毬는 말을 타고 장시擊毬라는 긴 채로 공을 구문(골대)에 넣는 군사 무예다. 사극에도 종종 등장하면서 널리 알려졌는데, 전통시대 군사 스포츠로 기병들이 익혀야 했던 최고의 기마술 훈련이자, 온 백성이 관람했던 축제형 경기기도 하다. 그런데 격구를 하려면 반드시 말이 필요하다. 말이 없으면 개라도 타고 하면 좋았을 터

명나라 선덕제가 궁궐에서 봉희와 유사한 추환捶丸을 하는 모습을 그린 〈선종행락도宣宗行樂
圖〉의 한 장면이다. 봉희는 타구打毬, 격방擊棒, 방희棒戲 등 다양한 이름으로도 불렸다. 무예
는 전쟁과 같은 무력 충돌에 대비하기 위해서도 존재하지만 스포츠나 아이들의 놀이로도 변
화하며 이어진다.

인데, 그만큼 큰 개가 있을 리 만무했기에 어린이들은 말 없이 땅 위에서 공을 치는 놀이를 했다. 그것이 바로 막대기를 가지고 논다는 뜻의 봉희다.

봉희에 관한 기록을 보면, 골프와 유사한 점이 눈에 띈다. 봉희를 할 때 사용하는 도구인 '봉棒'은 두꺼운 대나무를 쪼개 이어 붙여 탄성을 높였다. 골프채도 처음에는 나무를 이용해 허리 부분인 샤프트shaft를 만들었다. 공을 때리는 부분은 숟가락 모양으로 오목하게 만들었는데, 여기에 물소 가죽을 씌워 타격감을 높였다. 물소 가죽이 얇으면 공이 높이 솟구치고, 두꺼우면 공이 낮게 나간다고 한다. 골프에서 헤드가 몇 번 우드냐, 몇 번 아이언이냐 고민하는 것과 같다.

골프에 공을 넣는 구멍인 홀hall이 있는 것처럼, 봉희에는 음식을 담는 작은 그릇인 주발 모양으로 땅을 파고 '와아窩兒'라고 불렀다. 골프 선수들이 수십 개의 홀을 이동하며 다니듯, 봉희를 하는 아이들은 집 마당 여기저기에 구멍을 뚫어놓고 골목길까지 연결해서 공을 치고 돌아다녔다. 심지어 집과 집 사이에 교묘하게 구멍을 뚫어놓거나, 평지가 아닌 섬돌 위에 억지로 구멍을 뚫어 공을 넣기도 했다. 프로 골프 선수들은 모래 웅덩이에 골프공이 빠지면 공을 퍼올리는 벙커 샷을 하는데, 봉희에도 '봉희 때리기'라는 게 있었다.

봉희에서 사용한 공은 크기가 달걀만 했다. 이 공을 한 번에 때려서 들어가느냐, 아니면 두세 번 때려서 들어가느냐에 따라 점수를 다르게 주었다. 골프에서 기준 타수인 파par를 넘어 보기냐, 더블 보기냐에 따라 점수를 깎는 방식과 같다. 봉희에서는 단번에 공을 쳐서 집어넣으면 점수를 계산하는 산가지算 2개를 얻고, 두세 번 쳐서 집어넣으면 산가지 1개를 얻었다. 두 번 친 공이 다른 사람의 공과 부딪치면 그 공은 죽는다. 공과 구멍의 위치에 따라 서서 치기도 하고, 무릎을 꿇고 치기도 하는 등 다양한 스윙 방식이 있었으니, 봉희는 골프보다 방식이 자유로운 놀이였다. 개인전은 물론이고 수십 명이 함께 조를 이루어 펼치는 단체전 방식까지 있었다.

　군사용 전투 훈련 중 하나인 격구가 민간으로 흘러들어가 아이들이 골목길에서 놀 수 있는 놀이로 변화한 것은 무예가 문화의 산물이라는 반증이다. 무예는 단순한 전투 기술로만 이해할 것이 아니라, 문화사의 관점에서 접근해야 한다. 격구에서 발전한 봉희 같은 놀이는 조선은 물론이고 서양에도 있었으며, 골프는 오늘날 대중적인 스포츠로 정착했다. 이런 현실을 볼 때 문화사로서 무예의 의미는 유효하다.

사냥과 무예,
그리고 정치

인간이 무기를 만들고 자신을 보호하는 갑옷을 입기 시작한 이유는 자연과의 투쟁, 즉 사냥에서 살아남기 위해서였다. 석기시대에 어렵게 돌을 깨거나 갈아서 창날을 만들고 화살촉을 만든 이유는 인간보다 강한 동물을 사냥해서 생존하고자 했기 때문이다. 그러나 인간이 정착 생활을 하고, 동물을 직접 키우면서 사냥은 전투를 대신해 군사·정치적인 목적으로 활용되기 시작했다. 특히 국가라는 조직체가 만들어지고 군대라는 합법적인 무장 집단을 양성하면서 사냥은 군대를 훈련하는 방법으로 자리 잡았다. 인간과 인간이 펼치는 전쟁은 인간과 동물이 겨루었던 사냥의 또 다른 형태였다.

화약 무기가 전장을 휩쓸기 전까지 기병騎兵은 가장 전투력이 강한 병종兵種이었다. 강력한 순간 돌파력과 적의 머리 위에 공격을 가할 수 있는 높이는 기병만의 장점이었다. 그런데 기병은 늘 말과 함께 움직여야 했기에 평시에도 전투마와 호흡을 맞추어야 전장에서 쉽게 적응할 수 있다.

그래서 평상시 기병이 전투마와 함께 사냥을 나서는 것은 실전 무예 훈련이자, 전투력 유지의 핵심 방편이었다. 말을 타고 동물을 쫓아가며 활을 쏘는 기사騎射는 적을 원거리에서 사살할 수 있는 최고의 무예였기에 전통시대 가장 많이 훈련한 종목이었다. 조선시대 기병들이 말을 타고 활을 쏘는 능력을 극대화하기 위해 했던 훈련 중 선풍적인 인기를 끌었던 것은 사구射毬다. 달리는 말 위에서 움직이는 공을 쏘는 일종의 모의 사냥 훈련이었다.

사구에 쓰는 공은 살아 있는 동물처럼 빠르게 움직이게 하기 위해, 선도 기병이 줄에 매달고 달렸다. 그러면 후미 기병이 이 공을 공격하며 뒤쫓아갔다. 공이 말의 반동으로 이리저리 요동을 치면 진짜 동물을 사냥할 때처럼 스릴을 느낄 수 있었다.

이때 화살은 사람이나 말을 다치게 하지 않기 위해 날카로운 촉을 제거하고 끝 부분에 솜을 둥글게 말고 무명으로 씌운 무촉전無鏃箭을 사용했다. 화살 깃은 일반 화살보다 두 배 이상 넓은 대우전大羽箭 형태였는데, 근거리에서 정확하게 공격하기 위한 것이었다. 사구가 펼쳐지는 날이면 주변 군사들이 모여들어 구경했다. 화살 한 발 한 발에 촉각을 곤두세우며 함성을 질렀다. 사구는 그렇게 관람용 무예 스포츠로 자리매김했다.

모구와 무촉전의 실제 모습. 선도 기병이 모구를 달고 달려가면 후미 기병들은 이 공을 뒤쫓으며 무촉전을 쏘았다. 말에 달린 모구가 이리저리 튀어 오르는 모습은 짐승이 도망가는 움직임과 유사하다. 그래서 모구를 쫓아서 달리면 사냥할 때처럼 스릴을 느낄 수 있고, 기병은 전투마와 함께 전투 감각을 익힐 수 있었다.

사구 이외에 삼갑사三甲射라고 기병끼리 맞붙어 화살 세례를 퍼붓는 훈련도 있었다. 갑, 을, 병 3조로 군사를 나눈 뒤 갑은 을을 공격하고, 을은 병을 공격하고, 병은 갑을 공격했다. 서로 쫓고 쫓기며 다양한 전술훈련을 했다. 이때도 역시 화살은 무촉전으로, 끝에 두꺼운 가죽을 씌우고 붉은 색 물감을 묻혀 쏘도록 했다. 훈련이 끝난 후 상대방 갑옷에 묻은 붉은 점의 개수에 따라 점수를 매겼다. 이긴 사람에게는 좋은 활과 화살이나 전투마를 선물로 주기도 했다.

조선시대에는 강무講武라는, 왕이 군사들과 함께 직접 사냥하는 무예 훈련까지 있었다. 강무는 적게는 수백 명에서 많게는 수만 명의 군사를 특정 지역에 매복시키거나 진형을 갖추어 몰이하며 사냥했기에 웬만한 전투를 능가하는 규모로 펼쳐지기도 했다.

인간이 자연과의 투쟁 과정에서 펼쳤던 사냥은 무예 훈련으로 거듭났고, 이것이 거대화된 조직 속에서 정치적으로도 변화·발전했다. 사냥과 무예, 스포츠는 정치와 만나면 또 다른 형태로 전환되기도 한다.

무예는
한 편의 시다

　　　　　　　　　　무예는 '허공에 몸짓으로 그리
는 한편의 시'다. 무예는 몸을 통해 자유롭게 자연과 호흡하며 머리
꼭대기부터 발끝까지 한 흐름으로 전개하는 것이며, 시는 언어를
통해 자유롭게 세상과 소통하는 것이 핵심이다.

　　시에는 운율韻律이 있다. 운율은 운韻과 율律의 합성어로, 운은
특정한 위치에 같은 음운이 반복되는 현상이고, 율은 동일한 소리
덩어리가 일정하게 반복되는 현상이다. 운율은 문자로 그치는 것이
아니라, 인간의 몸에서 나오는 소리의 규칙적 반복으로 나타난다.
시를 읽을 때 그러한 흐름을 통해 안정감이나 동질감을 느끼는 것
이다.

　　무예의 흐름에도 운율이 있다. 검법을 예로 들면, 치고 베거
나 찌르는 단순한 움직임의 연속으로 보이지만, 상대를 적시에 공
격하기 위해 동일한 움직임을 반복한다. 또한 한 움직임으로 그치
는 것이 아니라 일련의 공격과 방어를 위해 몇 개의 움직임이 뭉쳐

져 하나의 '세勢'를 이룬다. 조선 후기 병서인 『무예도보통지武藝圖譜通志』에서는 "가히 지킬 수 있고 가히 공격할 수 있으니 세라 한다可以守 可以攻 故謂之勢"고 했다. 움직임은 단편적인 공격이나 방어로 끝나는 것이 아니라, 수많은 변화를 담고 이어진다. 시의 운율 역시 똑같은 문장의 반복으로 이루어지지만 같은 문장도 독자의 감정에 따라 즐겁게 들리기도 하고 지극히 슬프게 들리기도 한다.

시의 운율에는 상징과 은유가 숨어 있다. 시인은 시로 표현하고자 하는 마음을 상징과 은유로 문자 안에 투영한다. 독자는 상징의 의미를 좇아가며 시인의 마음을 한 번 더 살핀다. 상징이 시 전체를 관통하는 기둥이라면, 은유는 그 기둥에서 나온 나뭇가지와 잎새다. 상징이라는 거대한 줄기를 바탕으로 바람에 일렁이는 싱그러운 나뭇잎처럼 은유는 시를 더욱 빛나게 해준다.

무예의 자세를 정리한 검법劍法이나 권법拳法 등에도 시적인 표현이 자주 등장한다. 예를 들면 갑작스럽게 공격해 들어가는 자세를 '산시우山時雨'나 '유성출流星出'이라고 한다. 빠른 속도와 순간 돌파를 이렇게 표현한 것이다. 만약 무예를 수련하는 사람이 상징과 은유를 이해하지 못하면 그 자세는 의미 없는 몸짓으로 흘러버릴 것이다.

시와 무예는 거짓 없는 바른 마음과 몸 쓰임이 기본이다. 공자는 『논어論語』에서 시에 대해 "시경 300백 편의 내용을 한마디로 대표할 수 있으니, 생각함에 간사함이 없다는 것이다詩三百 一言以蔽之 曰 思無邪"라고 말했다. 꾸미지 않은 본연의 마음을 드러내는 것이 시이며, 진실한 몸의 흐름을 보여주는 것이 무예다.

시에는 진실한 경험이 담겨 있어야 하며, 무예에는 진실한 수련이 담겨 있어야 한다. 독일 시인 라이너 마리아 릴케Rainer Maria Rilke는 '시는 체험이다'라는 단순한 문장으로 시를 정의하기도 했다. 이것을 무예로 전환시키면, '무예는 수련이다'라고 정의할 수 있을 것이다.

누구나 한 번쯤 시인의 마음으로 글을 썼을 것이다. 사랑하는 이를 위해 몰래 적어 마음을 흔들기도 하고, 때로는 슬픔을 꾹꾹 눌러가며 한 자 한 자 채워넣었을 것이다. 일상에 젖고 현실에 취해 비틀거리는 오늘, 얼마나 똑똑한지 모르지만 모든 사람을 목 꺾인 바보로 만드는 스마트폰은 덮어놓고 내 안에 존재했던 그 시인에게 조용히 '너는 잘살고 있느냐'고 말을 한 번 걸어보았으면 좋겠다. 그리고 비록 빌딩 숲 작은 공원이라도 몇 걸음 걸으며 내 몸은 안녕한지 한 번만 물어보자. 그것이 수련의 시작이다.

태권도와 합기도
중에서 더 센 것은?

　　　　　　　　　　세상의 모든 사람은 다르다. 얼
굴 모양이나 키처럼 외형적인 것뿐만 아니라 성격이나 능력 같은
내적인 모습도 저마다 다르다. 그 다름을 우리는 '차이'라고 한다.
사회는 그 '차이'를 인정하고 상호 간의 배려를 통해 안정화된다.
마치 다양한 형태의 퍼즐 조각을 맞추어 큰 그림을 그려가듯 작은
조각이라도 쓰임에 맞는 곳에 배치되면 의미가 있다. 만약 누군가
가 억지로 동일한 모양으로 재단해 끼워 맞춘다면 조립 과정은 쉽
겠지만, 다양성이나 창조성은 모두 사라지고 만다.

　　　　조선의 제22대 왕 정조正祖는 『홍재전서弘齋全書』에서 사람의
다양성에 대해 이렇게 표현했다. "모양이 얼굴빛과 다르고 눈이 마
음과 다른 자가 있는가 하면 트인 자, 막힌 자, 강한 자, 유한 자, 바
보 같은 자, 어리석은 자, 소견이 좁은 자, 얕은 자, 용감한 자, 겁이
많은 자, 현명한 자, 교활한 자, 뜻만 높고 실행이 따르지 않는 자, 생
각은 부족하나 고집스럽게 지조를 지키는 자, 모난 자, 원만한 자,

활달한 자, 대범하고 무게가 있는 자, 말을 아끼는 자, 말재주를 부리는 자, 엄하고 드센 자, 멀리 밖으로만 도는 자, 명예를 좋아하는 자, 실속에만 주력하는 자 등등 그 유형을 나누자면 천 가지 백 가지일 것이다."

인재를 등용함에 있어서는 "사람은 각자 생김새대로 이용해야 하는데, 대들보감은 대들보로, 기둥감은 기둥으로 쓰고, 오리는 오리대로 학은 학대로 살게 해 천태만상을 그에 맞추어 필요한 데 이용하는 것이다"라고 인재관을 펼치기도 했다. 정조는 적절한 용병술을 통해 최상의 조합을 맞추는 것이 인재를 가장 빛나게 하는 길임을 알고 실천한 것이었다.

세상에는 많은 무예가 있다. 우리나라 고유의 전투 기술을 담은 택견, 씨름, 국궁을 비롯해서 외국에서 들어와 토착화된 외래 도입 무예 등 수십 가지가 넘는다. 거기에 기존의 무예를 바탕으로 형태를 변형한 창작 무예까지 더한다면 무예의 전성기라 불러도 손색이 없을 정도다. 2016년부터 전 세계 무예인의 화합의 장을 만들기 위해 '무예 올림픽'이라고 할 만한 '세계무예마스터십' 대회까지 열렸으니, 무예가 얼마나 보편화되었는지 실감할 수 있다.

무예는 제각각 특징이 있다. 어느 무예는 아주 먼 거리에서 적을 살상하는 것에 중심에 두고, 어떤 무예는 지근거리에서 손 기

동장대시열도

규장각한국학연구원 소장

정조가 화성의 군사 훈련 공간인 동장대에서 군사들의 진법 훈련을 보고 있는 〈동장대사열
도〉다. 그림의 맨 위 중앙에는 정조가 갑옷을 입고 정좌해 있고, 그 아래에서 다양한 군사
들이 진법을 펼치고 있다. 각 자리에 적합한 사람을 등용하는 것이 군대 운용의 핵심이다.
그러기 위해서 필요한 것은 '누가 더 강하냐'를 따지는 것이 아니라 차이를 인정하고 적절
한 용병술로 최상의 조합을 맞추는 것이다.

술이나 발 기술을 중심으로 수련하기도 한다. 무조건 상대를 이기고 승리를 쟁취하는 무예는 존재하지 않는다. 무예의 장단점은 수련인의 실력, 혹은 상황에 따라 구분되는 것이고 그 과정에서 승패가 결정된다. 가끔 "태권도 하는 사람하고 합기도 하는 사람하고 싸우면 누가 이기나요?" 같은 질문을 듣는다. 황당한 질문인데, 답은 아주 간단하다. 이기는 놈이 이긴다.

　　문제는 근래에 각 무예 단체에서 상업적 목적에서 혹은 수련생 확보라는 미명하에 해당 무예와는 관계없는 기술들을 가르치고 보급한다는 것이다. 예를 들면 맨손 무예 단체에서 무기술을 가르치고, 강력한 투기 위주의 무예 단체에서 단전호흡이나 내공법을 가르친다고 광고하는 것이다. 가르치지 말라는 것은 아니다. 그러나 이미 수십 년 혹은 수백 년에 걸쳐 그 무예를 익히고 수련해온 단체가 있다. 해당 무예의 전문성을 뒤로하고 시류에 영합하는 내용을 조금씩 추가하다 보면 각 무예의 특성을 잃고 종국에는 모든 무예가 비슷해질지도 모른다. 무예의 다양성은 사라지고 밥벌이의 수단으로 전락하는 것이다. 무예계도 일종의 문화 생태계다. 제각각 그 모습 지키는 것이 자연스러운 일이다. 억지로 비틀고 덧붙이다 보면 본질이 흔적도 없이 사라질 수도 있다.

도깨비도 좋아한
대중 스포츠, 씨름

　　씨름은 두 사람이 샅바나 띠 또
는 바지 허리춤을 잡고 힘과 기술을 겨루는 전통 무예이자 민속놀
이다. 몸과 몸을 맞대고 상대를 먼저 땅에 넘어뜨리는 방식으로 승
부가 나기에 요즘으로 치면 유도와 같은 유술柔術 형태의 무예로 볼
수 있다. 씨름은 다른 맨손 무예와는 달리 맨살과 맨살이 직접 닿는
가운데 서로 땀과 열기를 교환하기에 가장 섬세하면서 친밀도 높은
무예기도 하다.

　　고구려 고분벽화에도 힘 좋게 생긴 두 역사力士가 서로 허리
춤을 붙잡고 있는 모습을 발견할 수 있을 만큼 오래 전통을 이어온
무예로 볼 수 있다. 고려시대에는 왕이 펼치는 연회에서도 씨름이
펼쳐졌다. 편을 나누어 승부에 따라 다양한 내기를 걸어 잔치의 흥
을 돋우는 역할이었다. 조선시대에는 일반 백성들에게도 널리 퍼져
여러 풍속화에도 등장할 만큼 보편화된 무예였다.

　　그런데 전통시대 씨름을 가장 좋아한 것은 다름 아닌 도깨비

＞◆

각저총의 씨름도. 체구가 건장한 역사들이 허리춤을 붙잡고 있다. 오른편 사람은 매부리코인
데, 서역인으로 보인다. 옆의 노인은 심판 역할을 하고 있다. 삼국시대부터 조선시대까지 씨
름을 다룬 그림이 많이 남은 것은, 그만큼 우리 민족이 좋아한 무예이자 놀이였다는 증거다.

였다. 우리는 도깨비를 건망증이 심하고, 사람 골리기가 취미며, 금은보화를 가져다주는 재물신으로 기억한다. 도깨비 씨름에 대한 옛날이야기 한 자락을 풀어보면 그들의 존재를 좀더 명확하게 이해할 수 있다.

어떤 사람이 장에 갔다가 친구를 만나 거나하게 술 한잔 먹고 집으로 돌아오는 길이었다. 전통시대 장은 3일이나 5일에 한 번 열려 인근 마을 사람들이 각종 생필품을 사러 나오기에 좋은 만남의 장이기도 했다. 해가 뉘엿뉘엿 넘어갈 때쯤 얼큰하게 취한 채 고갯길을 넘어가는데 도깨비가 나타났다. 도깨비는 대뜸 장을 본 물건 중에서 고기를 내놓으라고 부탁 아닌 부탁을 했다. 그 사람이 식구들을 위해 산 고기라서 줄 수 없다고 하자, 도깨비는 씨름을 해서 지면 고기를 내놓고, 자신이 지면 금은보화를 주겠다고 제안했다. 그 사람 역시 동네에서 힘깨나 쓰는 사람으로, 씨름 대회가 있을 때마다 황소 한 마리를 독차지했던지라 바로 씨름판을 벌였다.

양 허리춤을 붙잡고 젖 먹던 힘까지 짜내며 겨루었지만 쉽게 승부가 나지 않았다. 결국 밤새도록 씨름을 하게 되었고, 새벽녘에야 거우 도깨비를 쓰러뜨릴 수 있었다. 도깨비외 씨름한 사람은 잡고 있던 허리띠를 풀어 나무에 묶어놓고 집으로 돌아왔다. 밤새도록 걱정하며 기다리던 식구들이 무슨 일이 있었는지 물어보자, 그 사람은 장을 보고 오는데 어떤 털북숭이가 씨름을 하자고 시비를 걸기에 한판 제대로 이기고 나무에 묶어놓고 왔다고 자랑스레 이야기했다. 날이 환하게 밝아 씨름했던 자리를 찾아가보니, 사람은 없고 쓰다 버린 몽당 빗자루가 달랑달랑 매달려 있었다. 그제야 그 사람은 도깨비에게 홀려 씨름했다는 것을 알았다. 그런데 집으로 돌아와 솥뚜껑을 열어보니 그 속에 금은보화가 가득 들어 있었다. 도깨비가 약속을 지킨 것이다. 식구들은 그 금은보화를 모두 꺼내 동네잔치를 벌였다. 그런데 하룻밤이 지나면 다시 금은보화가 솥단지 안에 가득 차 있었다. 건망증 있는 도깨비가 계속 가져다 놓은 것이다. 그렇게 그 가족은 부자가 되었다.

이처럼 우리네 도깨비는 너무 무섭지도 폭력적이지도 않고 지극히 인간적이다. 여담이지만, 붉은 피부에 머리에 뿔이 있고 짐승 가죽옷을 입으며 커다란 몽둥이를 들고 다니는 기억 속 도깨비는 우리 전통 도깨비가 아니라 일본 요괴 중 하나인 오니鬼다. 일제강점기를 거치면서 강제로 일본 귀신을 우리 도깨비로 각인시킨 것이다. 일제강점기 교과서에 처음으로 실린 혹부리 영감 이야기는 일본의 민담을 조선화한 것이다. 민담이나 전설마저도 자유로울 수 없었던 그 시절 안타까운 기억이 지금까지 영향을 미치고 있는 것이다. 우리 전통 도깨비는 뿔도 없고 무섭게 생기지도 않았으며, 바지저고리에 손에는 작은 나무 방망이를 들고 다니는 정도다. 도깨비 씨름을 생각하며 지나간 역사를 다시금 생각해보는 시간이 필요하다. 이제는 제대로 된 도깨비를 그려야할 때다.

신분 상승의 지름길,
격구

　　　　　　　　　조선시대에 공식적으로 무관 즉,
장교가 되려면 과거 시험 중 무과武科을 보는 것이 가장 빨랐다. 음
서蔭敍나 천거薦擧로 소위 '줄이나 배경'을 가지고 무관에 등용되기도
했지만, 이들은 당당히 무과 시험에 합격한 무과 급제자와는 다른
대우를 받았다. 무관 최고 품계인 당상관은 정규 과거 시험을 통과
해야만 오를 수 있었다. 그런데 무과 시험의 최종 시험인 전시殿試의
마지막 과목이 격구擊毬였다. 따라서 격구를 못하면 장원급제는 고
사하고 무관으로 등용 자체가 불가능했다. 격구는 말을 타고 펼치
는 공놀이의 일종으로 장시杖匙라는 끝이 숟가락처럼 생긴 채로 공
을 퍼 담아 골대에 집어넣는 기병용 특수 무예이자 조선시대 최고
의 스포츠였다.

　　　　1392년, 태조 이성계가 조선을 건국하고 첫 번째로 직면한
군사 문제는 북방 여진족과의 마찰이었다. 당시 여진족에는 보병이
라는 병종은 아예 존재하지 않았다. 모든 부대를 기동력이 우수한

기병으로 구성해 쉼 없이 조선의 국경을 침범하고 국경 근처의 백성들을 괴롭혔다. 조선은 이에 대항하기 위해 기병을 최우선으로 육성해야 했다. 요즘으로 치면 급부상하는 사이버 테러에 맞서 군에서도 발 빠르게 사이버 사령부를 만들고 사이버 군사를 집중 육성하는 방식이다.

조선시대 대표적인 기병의 무예 즉, 마상무예는 말을 달리며 활을 쏘는 기사騎射와 창으로 공격하는 기창騎槍이었다. 그런데 전투는 개인이 단독으로 펼치는 것이 아니라 부대가 함께 싸우는 단체전이기에 다른 무예보다 팀플레이 훈련에 좋은 격구가 주목받았다. 격구는 크게 두 가지 방식이 있다. 한 명이 일정한 코스를 따라 말 위에서 다양한 자세를 취하며 공을 구문에 넣는 방식이 있고, 팀을 나누어 공을 서로 빼앗아가며 구문에 넣는 방식이 있다. 이 두 번째 방식의 경기형 격구가 전술훈련에 많은 도움이 되었다.

격구에는 다양한 자세가 있다. 공을 장시에 퍼 올리기 위해 이리저리 몸을 비트는 것이나, 장시에 공을 담은 후 원심력을 이용해 크게 휘두르는 것은 그 자체로 묘기에 가까웠다. 거기에 상대편 기병을 따돌리며 공을 떠 올리는 자세가 더해지면 박진감 넘치는 장면이 연출된다. 그래서 격구 시합이 펼쳐지는 곳에는 늘 많은 사람이 모여와 구경할 정도였다. 격구는 조선 최고의 군사 스포츠로

격구를 직접 시연하고 있는 모습. 무과 시험 종목이자 군사 훈련에도 활용되었지만 말을 타고 달리는 속도와 박진감, 난이도 높은 자세로 보는 즐거움이 각별해 대중적으로도 높은 인기를 누렸다. 이성계가 역성혁명을 일으켜 조선을 세울 수 있었던 것도 뛰어난 격구 실력으로 얻은 명성이 있었기 때문이다.

각광받았다. 여기에 경기자의 쇼맨십이 더해지면 그야말로 잔치판이 따로 없을 정도였다. 이성계는 격구 실력이 요즘으로 치면 박지성을 능가할 정도로 뛰어나 많은 사람의 칭송을 받았다. 심지어 『용비어천가龍飛御天歌』에도 이성계의 놀라운 격구 실력을 찬양하는 노랫말이 있다.

의류 브랜드로도 잘 알려진 서양의 폴로polo는 영국을 비롯한 유럽의 전통 마상 스포츠로 아직까지도 사랑받고 있다. 프로 선수가 활동하고 프로팀도 구성될 정도다. 폴로는 말 위에서 망치 형태의 막대로 공을 때리는 것이 핵심 자세다. 그래서 한 번 공을 치고 쫓아가서 또다시 공을 치는 방식으로 경기가 진행된다. 반면 격구는 공을 치는 것은 물론이고, 장시의 끝이 숟가락처럼 생겨 공을 퍼담아 이리저리 휘두르는 것이 가능하기에 폴로보다 훨씬 어렵고 기술도 화려하다. 필자도 직접 격구를 하고 있지만, 10분만 말을 타고 경기를 하다 보면 온몸이 녹초가 될 정도로 힘들고 어려운 자세로 가득하다.

조선시대에 격구가 최고의 군사 무예로 인정받은 결정적인 이유는 섬세한 기마술 연마가 가능하고, 즐기면서 훈련할 수 있다는 매력 때문이었다. 비록 조선 후기 화약 무기가 대거 전장에 등장하면서 격구가 무과 시험 과목에서 제외되기는 했지만, 격구는 조선 기병을 대표하는 무예 문화의 꽃이었다. 아쉽게 사라져버려 이제는 박물관이나 문헌 속에만 존재하는 격구가 하루 빨리 복원·전파되어 더 많은 사람이 함께 즐기는 스포츠로 발전할 수 있기를 기대해본다.

일본이 열광한 원조 한류,
마상재

달리는 말 위에서 일어서거나 물구나무서기를 하는 것은 서커스나 쇼에서나 보는, 보통 사람들이 생각할 때는 불가능에 가까운 동작이다. 기계도 아니고 살아 있는 생명체와 호흡을 맞추어 자연스러운 움직임을 만드는 것은 그 자체로 신기할 따름이다. 조선시대에 말과 함께 무예를 펼쳤던 사람들이 있는데, 마상재인馬上才人이라고 불렀다. 마상재는 단순한 쇼가 아니라 무예로, 기병의 공식 무예 훈련으로 지정되어 있었다. 마상재인들은 통신사通信使 일행으로 일본에 가서 한류 열풍을 불러일으킨 조선의 '아이돌 스타'기도 했다.

통신사는 짧게는 8개월에서 길게는 2년이 넘는 긴 여정을 거쳤다. 보통 서울에서 사절단을 모아 부산까지 이동하는 데 2개월이 걸린다. 부산을 떠난 통신사 배는 쓰시마섬을 거쳐 오사카를 지나 수도인 교토를 향해 긴 행렬을 이어갔다. 조선 관리 약 500명이 참여했으며, 쓰시마섬에 통신사 호위 무사로 약 200명이 보조 파견을 나갔고, 현지 길 안내와 짐꾼을 포함하면 모두 1,000명에 이르는 대규모 행렬이 만들어졌다. 당시 일본인들은 이 광경을 보기 위해 말 그대로 인산인해를 이루며 몰려들었다고 전해진다.

당시 일본에서 통신사 일행의 글 솜씨를 비롯한 문화적 우수성은 감동을 넘어 존경의 대상이었다. 특히 통신사 일행의 호위 무관으로 경호를 책임졌던 마상재인의 뛰어난 기마 실력은 당대 '한류 스타'라고 불러도 손색이 없을 정도로 인기 절정이었다. 심지어 당시 일본 최고 정치·군사 지도자인 관백觀白이 직접 통신사 우두머리에게 다음 사행 때도 마상재인이 동참해줄 것을 간곡히 부탁하기도 했을 정도다.

1748년 통신사의 제술관製述官으로 함께 간 박경행朴敬行은 일본 사람들에게 "전쟁터에서 총, 칼, 창이 들어오고 깃발이 휘날리며 북소리가 요란할 때, 말에 몸을 숨긴 채 적진에 돌입해 적의 깃발을 빼앗거나 적군의 목을 베어올 수 있는 날랜 재주를 지닌 사람이 우리나라에 400~500명은 된다"라고 알려주기도 했다. 마상재인은 관백이 타는 말을 직접 조련해주기도 했고, 통신사들이 귀국할 때 마상재에 사용했던 말을 달라고 애걸복걸하여 몇 마리를 선물로 주고 오기도 할 정도였다.

정조는 국방력 강화를 위해 특수부대인 장용영壯勇營을 만들

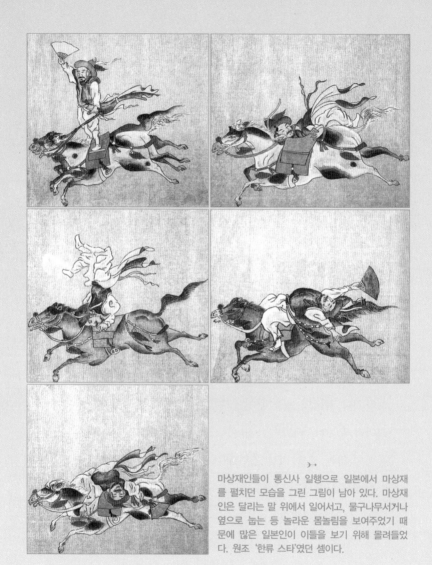

마상재인들이 통신사 일행으로 일본에서 마상재를 펼치던 모습을 그린 그림이 남아 있다. 마상재인은 달리는 말 위에서 일어서고, 물구나무서거나 옆으로 눕는 등 놀라운 몸놀림을 보여주었기 때문에 많은 일본인이 이들을 보기 위해 몰려들었다. 원조 '한류 스타'였던 셈이다.

었다. 이들은 요즘의 특전사나 공수부대처럼 강한 체력과 전투력으로 무장할 수 있도록 특별한 훈련을 받았다. 특히 전투력이 강한 기병 부대였던 장용영의 선기대善騎隊는 별도의 특수 훈련을 했는데, 이 훈련이 바로 마상재다. 정조는 장용영을 좌초, 중초, 우초로 나누었는데, 이 중 선봉대 역할을 한 좌초 군사들에게 마상재를 반드시 익히게 했다. 정조는 한 달에 한 번씩 있었던 장용영 내부 무예 시험에 직접 참여하면서 기병력 강화에 신경을 썼다.

근래에 마상재가 무예이니 아니니 하는 논란이 있다. 화려한 묘기 같은 마상재의 모습만 보면 무예가 아니라 곡예나 기예라는 말이 나올 법도 하다. 그러나 직접 마상재와 마상무예를 익혀보면, 마상재가 얼마나 우수한 기병 무예인지 쉽게 알 수 있다. 정조가 단순히 마상 곡예를 보고 싶어서 그 뛰어난 장용영 군사들에게 마상재를 훈련하라고 명령했겠는가? 나는 직접 말을 타고 활을 쏘거나, 몸보다 큰 월도를 휘두르는 마상무예를 훈련하고 있다. 달리는 말에서 일어서보면, 무예의 근본인 담력은 물론이고 무게중심을 이동하는 기술까지 터득할 수 있다. 달리는 말 위에서 중심을 잡을 수 있다면 땅 위에서야 말 그대로 식은 죽 먹기가 아니겠는가.

우리 몸 문화의 걸작,
태권도

　　고대부터 내려오는 한국인의 몸
문화를 가장 잘 담고 있는 것이 무예다. 대표적으로 고구려 고분벽
화 중 무용총의 수박手搏하는 모습을 보면, 두 사람이 마주 보며 다리
를 구부려 낮은 자세를 취하고 손을 뻗어 거리를 유지하고 있다. 오
늘날 택견의 견주기나 태권도의 겨루기를 할 때처럼 팽팽한 긴장감
마저 감돈다. 역시 고구려 고분벽화 중 안악 3호분의 수련하는 사람
역시 비슷한 형태로 당대의 무예 문화를 잘 보여준다.

　　각저총 고분벽화에서는 두 사람이 요즘의 씨름하는 모습처
럼 서로 몸을 맞대고 샅바를 붙잡아 넘어뜨리려 하는 모습을 확인
할 수 있다. 씨름 역시 고대부터 내려오는 맨손 무예의 일종으로 상
대와 가까운 거리에서 관절을 꺾거나 조이는 유술 기법을 담고 있
다. 이 그림에는 심판으로 보이는 노인이 그려져 있어 놀이로도 행
해졌다는 것을 알 수 있다. 오른편 역사의 얼굴을 유심히 보면 코가
매부리코인 서역인으로 고구려시대에도 세계 여러 민족이 문화를

공유했다는 것을 반증한다.

고려시대에는 충청도 은진현과 전라도 여산군의 경계 지역인 작지골에서 해마다 백중白中(7월 15일)이 되면 양 도의 사람들이 모두 모여 수박 겨루기를 했을 정도로 생활 속 깊숙이 무예가 자리 잡았다. 이후 조선시대로 들어와 중앙군인 갑사甲士 선발에 수박을 공식 종목으로 채택하는가 하면 임진왜란을 거치면서 중국의 권법이 군영에 보급되기도 했다. 이때 명군에게서 보급된 권법은 타권打拳이나 대권大拳이라는 이름으로 불려졌다. 조선 후기에는 택견이나 수박희 등 다양한 맨손 무예가 놀이처럼 퍼져나가 큰 시장이 서는 곳에는 어김없이 택견꾼들이 나타나 현란한 발 기술로 사람들을 불러 모으곤 했다. 조선 후기 화가인 유숙劉淑이 그린 〈대쾌도大快圖〉를 보면 씨름과 택견을 하는 사람들 주위로 많은 사람이 모여 이를 지켜보고 있다. 관중을 보면 다양한 신분이 섞여 있고, 엿이나 잔술을 파는 상인들의 모습을 볼 수 있어 당시 무예가 상당히 성행했음을 알 수 있다.

일제강점기를 거치면서는 일본의 가라테나 당수도 같은 맨손 무예가 활발하게 보급되어 군대나 경찰의 공식 무예로 지정되기에 이르렀다. 이후 한국의 맨손 무예는 1955년 9월, 명칭제정위원회에서 '태권'이라는 이름을 공식 지정해 1965년 대한태권도협회가 출

서울대학교 박물관 소장

19세기의 대표적인 풍속화가 유숙이 1836년 그린 〈대쾌도〉다. 한양 도성의 남동쪽에 있는 광희문光熙門 남쪽에서 벌어진 유희 장면을 그린 것이다. 씨름(위)과 택견(아래)을 하는 사람 주위로 다양한 사람들이 몰려와 구경하고 있다. 갓을 쓴 양반부터 평민까지, 나이가 지긋한 사람부터 아이들까지 신분도 연령대도 다양하다.

범하면서 한국을 대표하는 무예로 자리 잡았다. 한국인의 문화와 체질에 맞게 발전하던 태권도는 1973년 세계태권도연맹WTF이 만들어지면서 세계인이 함께 즐기는 만국 공통의 무예이자 스포츠로 퍼져나가게 되었다. 태권도는 올림픽 공식 지정 종목으로 자리매김하면서 한국이 만들고 세계가 즐기는 무예 문화유산이 되었다.

이제 태권도는 전 세계 사람이 찬사를 아끼지 않는 한국의 대표 무예요, 세계인의 무예다. 가끔 태권도가 전통 무예인가 아닌가라는 논쟁이 펼쳐지며, 학문적으로도 몇 가지 이견이 있다. 그러나 전통인가 아닌가라는 이분법적 사고로 태권도를 규정짓는 것은 오히려 혼란을 초래해 추상적인 논의로 빠질 가능성이 높다. 태권도는 이 땅의 유구한 역사와 몸 문화가 담긴 최고의 걸작품이다. 태권도는 단순히 적을 살상하는 것으로 끝나는 것이 아니라, 상대와 몸을 맞대고 호흡하며 겨루는 스포츠의 가치를 구현하면서 대중과 더욱 친숙해졌다. 힘든 하루 일과 속에서도 몸과 마음의 여유를 찾기 위해 놀이로 펼쳐진 수박이나 택견 같은 맨손 무예의 기풍과 신체적 흐름이 태권도에 그대로 녹아 있다.

태권도는 이제 승자와 패자를 구분 짓는 겨루기의 한계를 넘어 신체를 단련하고 이를 통해 사라져가는 야생성을 복원해 진정한 자아 완성의 단계로 이끌어주는 도구로 발전해야 한다. 그래야 한국 무예를 넘어 세계 정통 무예로 오랫동안 세계인의 사랑을 받을 수 있다. 그 과정 속에서 태권도의 역사는 다시 쓰일 것이고, 새로운 전통이 만들어질 것이다. 옛 선인들이 말하던 법고창신法古創新(옛것을 본받아 새로운 것을 창조한다)은 멀리 있는 것이 아니라, 태권도 안에 숨어 있다.

제2장.
철학적인
무예

哲宗熙倫工将純熙聖文顯武成獻仁英孝大王

〈**철종어진**哲宗御眞〉, 국립고궁박물관 소장

조선왕조 제25대 왕 철종의 어진이다. 철종은 정조의 이복동생이자 사도세자의 서자인 은
언군恩彦君의 손자로, 전계부원군全溪府院君의 셋째 아들이다. 1844년에 형 회평군懷平君의
옥사로 가족과 함께 강화로 유배되어 강화도령이라고 불렸었다. 귀양처에서 갑자기 왕위에
오른 철종은 세도정치기에 이름뿐인 왕으로 남아 있었다. 어진에서는 군복을 입고 옆에는
어도御刀를 세워놓아 강인한 군주의 모습을 보이고자 했다. 특히 왼손 엄지손가락에는 활을
쏠 때 사용하는 도구인 깍지를 끼고 있는데, 이로 철종이 왼손잡이였음을 유추할 수 있다.
〈철종어진〉은 한국전쟁으로 부산 피난 시 창고의 화재로 화폭의 3분의 1 정도가 소실되었
다. 철학은 있지만 실행할 힘이 없다면 그 또한 무용지물인 셈이다.

철학적으로 사고하고
무예적으로 행동하라

세상 삼라만상은 저마다 존재의 의미가 있다. 그 의미를 깨닫고 인지하면 비로소 존재감이 생겨난다. 거기에 철학이 스며 있다. 길바닥에 굴러다니는 돌멩이 하나에도, 길옆에 나지막이 핀 들꽃 하나에도 존재의 이유가 있는 것이다. 존재에 대한 깊이 있는 사유를 통해서 나와 대상은 비로소 의미 있는 주체로 성장하게 된다.

무예에도 철학이 있다. 단순히 몸을 이용해 무언가 쳐부수고 굴복시키는 것이 무예의 전부는 아니다. 다만 무예 철학의 기본은 실전성에서 출발하며, 무언가를 이기고 뛰어넘고자 하는 것은 무예의 존재 이유기도 하다. 형식이나 모양에 억눌리거나 보여주기식으로 흘러버린 일명 '화법花法'은 이미 무예의 본질을 벗어난 다른 신체 행위인 것이다. 무예의 실전성은 무예의 정체성과 직결된 부분이기도 하다.

그러나 거기에 그치는 것이 아니라, 인간이라는 사회적 동물이 수련하고 풀어가기에 반드시 문화성을 함께 고려해야 한다. 무예는 당대 몸 문화의 결정체이자 절대적 반영물이다. 인류는 살아남기 위해, 소위 '존재의 영속성'을 위해 무예를 수련해왔고 조금씩 진화 과정을 거쳤다. 현재는 양생養生이나 힐링healing이라는 이름으로 진화를 거듭하고 있다. 무예가 일종의 사회화 과정을 겪는 것으로 볼 수 있다.

무예 철학이 독특한 것은 몸으로 암기하고 체화하며 사고하기 때문이다. 머리공부로 끝나는 것이 아니라 몸으로 풀어가는 몸공부다. 따라서 내 몸이 어떻게 구성되어 있고, 수련을 통해 어떤 변화가 일어나는지 지속적으로 살펴보고 사고를 이어가는 것으로 깊이가 더해진다.

내 몸은 작은 우주다. 사지육신과 오장육부는 생명 활동을 통해 소우주의 조화로움을 풀어낸다. 새끼손가락 하나만 다쳐도 온몸이 반응하고, 어제 마음 아팠던 것이 오늘까지도 뇌리에 남아 있다. 소우주인 몸과 지극한 소통을 통해 나를 둘러싼 세상 모든 것, 즉 우주와의 교감을 풀어내는 것이 무예 수련이다. 우주는 나라는 존재 이전부터 있었으며, 내가 사라진 이후에도 계속 존재할 것이다. 그렇게 잠시 왔다 가는 것이 인생이며, 무예인 것이다. 따라서 늘 즐거운 마음으로 무예 수련에 임해야 하며, 모든 틀에서 벗어나

>-+

두 자루의 칼이 조화롭게 공격과 방어를 펼치는 모습. 단순하고 명쾌한 무예의 움직임에는
깊은 철학이 담겨 있다. 무예 수련은 몸공부를 통해 자연스럽게 마음공부로 이어진다. 몸과
마음이 별개가 아니기에, 몸공부는 마음공부가 되고, 마음공부가 쌓여 무예로 표출된다.

자유로움을 추구하는 것이 무예 철학이기도 하다.

주먹 지름 하나에도 소통을 이루어내야 하며, 크게 허공에 휘두른 칼이 만든 선에도 우주의 원리가 담겨 있어야 한다. 단순히 이론이나 사상처럼 머릿속으로 받아들이는 것이 아니라 온몸의 감각을 통해서 느껴야 한다. 그러나 그 과정은 결코 쉽지 않다. 수없이 반복해도 내 몸의 한계는 쉽게 고쳐지지 않는다. 그런데 그것이 우주의 본질이고 생명의 본질이며, 무예의 본질이기도 하다. 우주 cosmos는 조화롭게 보이지만, 혼돈chaos 그 자체다. 혼돈과 무질서의 상태가 계속되면 모든 것이 무너지기에 끊임없이 조화의 과정을 찾는 것이다. 무예 철학에서는 자기 몸을 통해 무질서와 혼돈을 확인하고 제자리를 찾는다. 지금 완벽하지 않더라도, 현재 조화롭지 않더라도, 멈추지 않고 쉼 없이 내 몸과 대화를 나누며 중심점을 찾고 안정을 고민하며 수련하는 것이다.

무예 수련은 몸공부를 통해 자연스럽게 마음공부로 이어진다. 원래 몸과 마음이 따로가 아니기에, 지극한 몸공부는 마음공부로 연결된다. 그런 마음공부가 쌓여 다시 무예로 표출되면 고수가 되는 것이다. 세상살이도 무예 수련과 같아서 끊임없이 혼돈을 정리하고 풀어가며 소통할 때 비로소 삶의 고수가 된다. 세상살이 수련생은 많으나 고수는 참 드물다.

지키고 깨고
떠나라

무예를 배우고 익히는 데에 가장 중요한 것은 스승의 존재다. 스승의 실력이 제자의 실력을 가름할 수 있기에 대충 10년을 수련하기보다 제대로 된 스승을 찾아 9년을 허비한다하더라도 1년을 충실히 배우는 것이 효과적이다. 그래서 '제자는 스승의 그림자도 밟지 않는다'는 옛말이 남아 있는지도 모른다. 그러나 지나치게 스승의 가르침을 맹신하고 추종한다면 오히려 발전이 늦어질 수도 있다.

일본의 선불교에는 깨우침에 관해 수파리守破離라는 명제가 있다. 이후 칼을 쓰는 사람들이 수파리를 차용해서 검술 수련의 방법론으로 제시하기도 했다. 첫 번째 단계인 '수守'는 '가르침을 지킨다'는 뜻으로, 스승에게 배운 기본을 철저하게 연마하는 단계다. 같은 동작을 수천수만 번 반복해 몸이 반사적으로 움직이는 단계를 말한다. 이것이 무예의 기본을 지키는 것이다. 두 번째 '파破'는 '가르침을 깨뜨린다'는 뜻으로 스승에게 배운 원칙과 기본기를 자신의 몸에 맞게 독창적으로 응용해 기술을 창조하는 단계를 말한다. 스승과 제자는 신체 구조가 동일하지 않고, 기질이나 힘의 차이 같은 물리적인 차이를 극복해야 한다. 이 과정에서 저절로 깨뜨림이 이루어진다. 마지막 단계인 '리離'는 스승에게 배운 것에 얽매이지 않고 자신만의 새로운 무예의 세계로 출발하는 단계를 말한다. 만약 청출어람이라 할 만한 스승보다 뛰어난 제자가 있다면 그는 이미 떠남의 단계에 들어선 것이다.

수파리는 스승에게 모든 것을 배운 이후에만 이루어지는 것이 아니다. 스승이 가르쳐준 기술 한 가지 한 가지를 몸에 익히는 과정에서 끊임없이 반복되어 나타난다. 초급 과정부터 중급, 고급 과정까지 쉼 없이 반복적으로 수파리가 일어난다. 만약 그것을 수련자가 받아들이지 못하면 더는 발전하지 못한다.

그런데 우리 무예계에서는 두 가지의 문제가 쉼 없이 제기된다. 첫 번째는 전통을 중요시하는 사회이기에 지나치게 수守를 강조해 스승에게 영원한 복종을 강요하는 것이다. 강을 건너면 배는 버리고 가는 것이 당연하다. 제자가 발전하기 위해서는 더 좋은 스승을 찾아 또 다른 수파리의 단계로 접어들어야 한다. 첫 스승은 그 떠남을 기쁘게 받아들여야 하는데, 마치 자신이 버림받은 듯한 입장을 취하고 제자의 앞길을 가로막는 경우가 종종 있다. 그런 스승의 태도는 수파리를 수행하지 못했다는 반증이기도 하다. 이런 관계는 가르침이 아니라 집착이다.

두 번째는 이와 반대로 제대로 지키지도守 깨뜨리지도破 못한 실력인데 자기 잘난 맛으로 스승을 떠나離 새로운 문파를 만들어버리는 경우다. 이런 사람으로 말미암아 앞에서 이야기한 전통성을 강조하는 담론이 확대·재생산 된다. 스승에게 배운 기본기로 얼렁뚱땅 투로를 만들거나 이름만 거창한 협회를 만들어 대장 짓을 하는 경우가 대부분이다. 심지어 외국 무예를 바탕으로 수련한 사람이 전통 서적을 읽고 그 움직임을 덧씌워 한국 전통 무예라고 설파하는 행태도 비일비재하다.

수파리는 무예뿐만 아니라 일상에서도 쉼 없이 반복된다. 아이들은 어릴 때 부모에게 수파리를 경험하고 학교에 들어가면 선생님을 통해 수파리를 경험한다. 이후 사회에 나오면 인지하지 못하더라도 직장 상사나 이웃들과의 관계 속에서 수파리는 쉼 없이 반복된다.

우리의 인생에 완성체는 없다. 군자나 성인을 꿈꾸는 사람 중 어느 누구도 그 단계에 있다고 자부하지 못한다. 영원한 미완성의 상태가 인생인 것이다. 단계와 단계 그리고 순간과 순간 사이에서 가장 인간적인 몸짓으로 최선을 다하는 사람이 아름다운 것이다. 수파리의 반복은 늘 똑같은 반복이 아니다. 어제 떠오른 태양과 오늘 떠오른 태양은 다른 시간 속에 존재하는, 소멸과 생성을 거친 다른 존재다. 어제와 다른 오늘의 나, 그리고 오늘의 나를 넘어서는 내일의 나를 꿈꾸기에 우리의 삶은 언제나 새로운 것이다.

누구에게나
자신의 자리가 있다

　　　　　세상에는 참으로 다양한 사람이 있다. 외형으로만 보더라도 어떤 사람은 키가 크고, 어떤 사람은 작으며, 어떤 사람은 뚱뚱하거나 말랐다. 여기에 그 사람의 화술이나 성격이 더해지면 어느 정도 객관적으로 인물됨을 가늠할 수 있다. 이런 기본적인 구분을 바탕으로 다양한 능력 평가를 더해 적재적소에 인물을 배치하는 것이 인사의 기본이다. 조선시대에도 전쟁에 대비해 군사를 선병할 때 이런 선발 기준을 따랐다.

　　　　조선시대 군대에 간 사람은 요즘으로 말하면 신병 교육 훈련과 기초 체력 검정을 받게 된다. 그 과정에서 사람의 특성에 따라 병과가 달라졌는데, 그 구분법을 보면 당시 군대에서 어떤 사람을 좋아하고 싫어했는지 알 수 있다. 가장 군사로 적합한 사람은 시골에서 성장해 뼈가 튼실하고 키가 크며 얼굴이 검고 건실한 사람이었다. 이런 사람은 어릴 적부터 고생을 많이 해서 손과 얼굴이 거칠고 가죽과 살이 단단해서 웬만한 군사훈련은 식은 죽 먹기로 버텨낼 수 있기 때문이다. 다음으로는 싸움판에서 자라온 이른바 왈짜패다. 이런 사람은 상황만 좋다면 충분히 공을 세울 수 있기에 군대에서는 쌍수를 들고 환영했다.

반대로 군대에서 정말 싫어하는 사람도 두 부류가 있었다. 제일 쓸모없는 사람이라고 병서에 큼지막하게 적어놓은 것을 보면, 평시에 빈둥빈둥 노는 사람으로 얼굴이 훤하게 빛나고 행동이 약삭빠른 사람이라고 했다. 두 번째로는 간교한 사람으로 정신과 얼굴빛이 안정되지 못하고 상관을 보아도 전혀 두려워하지 않는 사람이라고 못을 박았다.

이런 사람들의 특징은 전투에서 명확하게 드러난다. 기록을 보면, 훈련장에서 제대로 사람을 가려내어 훈련하지 못하면 적이 나타나는 순간 얼굴은 누렇게 되고 입은 바싹 마르며, 손은 조급해지고 다리는 사시나무 떨듯 흔들려 그동안 배웠던 모든 것을 일순간에 까먹고 만다고 한다. 여기에 성격마저 우직하지 못하면, 말 그대로 오합지졸이 되는 것이다. 그래서 적이 코앞에까지 달려와도 도검수는 검집에서 칼을 뽑지도 못하고 멍해지고, 조총병은 총 쏠 준비를 하다가 입안에 탄환을 머금고 있다는 것을 잊어버리고 탄환을 삼켜버리는 황당한 상황이 연출된다고 했다.

이런 한계를 극복하기 위해 기본적인 사람의 특성에 따라 병

『무예도보통지』에 실린 등나무로 만든 방패인 등패(왼쪽)와 대나무 가지에 철심을 박고 독을 묻힌 낭선(오른쪽)의 모습. 등패수는 키가 작아야 잘 숨을 수 있으며, 낭선수는 무겁고 긴 무기를 사용하니 허리가 튼튼해야 한다. 병과에 따라 적절한 사람을 뽑아 병사의 재능에 걸맞은 자리를 찾아주는 것이 지휘관의 덕목이다.

과를 구분했다. 우선 키가 작은 사람은 방패를 잡게 했다. 방패는 적의 공격을 맨 앞에서 막아내는 역할이기에 몸집이 작아야 방패에 쏙 가려진다. 특히 빠르게 앉았다 일어서기를 반복해야 했기에, 키가 작은 사람이 훨씬 유리했다. 『병학지남연의兵學指南演義』에서는 "몸을 붙여서 뱀이 기어가듯, 거북이가 숨 쉬듯이 납작 엎드려서 움직인다"라고 표현했다.

키가 큰 사람은 활과 장창을 잡게 했다. 키가 크면 당연히 팔 길이도 길어서 활을 많이 당길 수 있고, 똑같은 길이의 창을 들어도 훨씬 더 멀리 찌를 수 있기 때문이다. 특히 장창병은 허리 힘이 좋은 병사를 맨 앞에 배치했는데, 긴 무기를 빠르게 내렸다 올렸다 반복하려면 키가 크고 허리 힘이 셀수록 유리했다.

또한 가장 용감하고 힘센 병사는 직접 창칼을 들고 싸운다고 생각하는데, 이런 우수한 병사들은 부대 깃발을 들거나 북이나 징 같은 신호용 악기를 담당했다. 신호용 깃발과 악기가 무너지면 오와 열이 붕괴되어 부대 전체가 몰살당할 수 있기 때문이다. 이는 조선군뿐만 아니라 로마 등 다른 나라 군대에서도 반드시 지켜야 할 군사 선발법이었다. 약삭빠르거나 힘이 약한 병사는 화병火兵 즉, 취사병의 역할을 주어 부대원의 식사를 담당하게 했다.

조선시대에도 이렇게 사람들의 특성을 파악·활용해 군사를 모집하고 운용했다는 것을 보면 비과학적일 것만 같았던 조선의 군대가 조금은 선명하게 보일 것이다. 실제 전투를 가정해 적절한 사람을 뽑고 그의 재능에 걸맞은 자리를 찾아주는 것은 훌륭한 지휘관의 덕목이다. 요즘 군대는 조선시대보다 병과가 다양하고, 수많은 첨단 무기를 사용하지만 그 무기를 실제로 사용하는 것은 역시 사람이기에 조선시대 군사 선발법의 기본 철학은 아직 유효하다.

상대가 없다면
나도 없다

　　　　　인문학의 본질은 생각하는 힘을
키우는 것이다. 굳이 고전에 들어 있는 좋은 문장을 들먹이며 '누구
는 이런 말을 했네' 혹은 '그의 철학적 바탕은 무엇이네'라고 말할
것이 아니라, 내 삶 속에서 의문을 깊이 있게 생각하는 것에서 출발
해야 한다. 그래서 인문학은 사색의 학문이다. 한 번 더 생각하고
이치를 따져 스스로 답을 찾아가며 길을 만드는 행위 학문이다. 똑
같은 상황이나 문제에 직면했을지라도, 생각하는 힘의 차이로 인해
결과는 천양지차로 달라진다.

　　　生각하는 힘의 중심에는 '나'라는 존재가 있다. 그러나 그 힘
은 내가 아닌 다른 사람에게 전달된다. 공동체 속에 존재하는 나를
제대로 이해할 때 인문학은 보편성을 갖추게 된다. 인간人間이라는
말 자체가 사람과 사람 사이라는 뜻이다. 사람人이라는 글자도 스스
로 설 수 없는 존재가 사이좋게 서로 기대고 서 있는 모습이다. 따라
서 나와 다른 사람 즉, 상대를 이해하고 인정하는 것에서 인문학적

발상은 힘을 얻게 되는 것이다.

　　정치 또한 상대를 두고 하는 것이다. 정치는 생각과 이념, 가치가 다르더라도 논리와 정책 그리고 그것의 실행을 통해 인정받으려는 노력 속에서 성장하고 발전해왔다. 그러나 현실에서는 추악한 정치 논리와 대중 선동으로 상대를 적으로 규정하고 생매장하는 경우가 많다. 진보 세력에 빨간 색깔 덧씌우기가 대표적이다. 세상은 진보와 보수가 수레의 두 바퀴처럼 굴러가야 한쪽으로 치우지지 않고 바르게 성장할 수 있다. 만약 일방적으로 한쪽을 거세한다면 결국 피해는 국민에게 돌아갈 수밖에 없다. 입술을 잃으면 이가 시리다는 순망치한脣亡齒寒이라는 말처럼 상대의 존재를 인정하고 공존을 고민하는 방식으로 정치가 진화해야 한다.

　　무예에서도 상대와 겨룰 때 가장 먼저 생각해야 할 것은 상대를 인정하는 것이다. 심지어 상대는 무조건 나보다 실력이 뛰어나다고 생각해야 자신의 모든 것을 걸고 풀어나갈 수 있다. 상대가 한 수 아래라고 생각하는 순간 무너진다. 이는 일대일 교전뿐만 아니라 수천수만 명의 군사가 동시에 전투를 벌이는 경우에도 동일하게 작용한다. 장수가 상대를 우습게 알면 그 전쟁은 백전백패가 될 가능성이 크다.

　　『손자병법孫子兵法』의 「모공편謀攻篇」에 나오는 "지피지기 백전

불태知彼知己 百戰不殆"라는 말처럼 자신과 상대의 상황을 잘 알고 있으면 백번 싸워도 위태로울 것이 없다. 상대를 인정하고 자신을 되돌아보는 것이 위태로움을 줄이는 최고의 방안이다. 이 말이 와전되어 '지피지기 백전불패'나 '지피지기 백전백승'으로 이야기된다. 모두 조심하고 또 조심해야할 부분이다.

『명심보감明心寶鑑』이라는 초등 교육용 한문 서적이 있다. 『명심보감』은 '마음을 밝히는 보배로운 거울'이라는 뜻으로, 사람이 살아가는 일상생활에 꼭 필요한 격언들과 귀감이 될 만한 고전 문구들을 모아놓은 기초 한문 교재다. 이 책에 이런 문장이 있다. "나를 귀하게 여김으로써 남을 천하게 여기지 말고, 스스로 크게 여김으로써 남의 작음을 업신여기지 말며, 용맹을 믿음으로써 적을 가볍게 보지 마라勿以貴己而賤人 勿以自大而蔑小 勿恃勇而輕敵."

『명심보감』은 『천자문』, 『사자소학四字小學』과 더불어 어린이용 기초 한문 교재로 활용되어왔다. 어린이들에게도 상대를 인정하고 배려하라고 가르치는데, 이를 오히려 성인이 까먹는 경우가 많다. 세상만사 혼자서는 아무것도 할 수 없다. 상대를 인정하고 배우며 그 안에서 끊임없는 투쟁을 통해 안정화를 이루는 것이 진정한 자유를 찾는 방법이다. 상대를 업신여기고, 낮게 깔아보면 언젠가는 자신이 그 처지가 되는 것이다. 음지가 양지되고 양지가 음지된

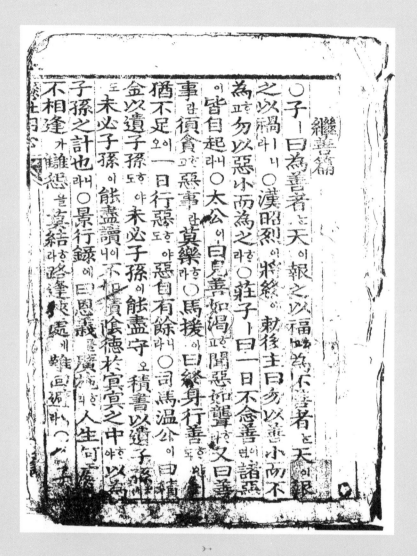

『명심보감』의 첫 장은 「계선편繼善篇」으로 "공자께서 가로되, 선을 행하는 자에게는 하늘이 복으로써 갚으며, 선하지 못한 자에게는 하늘이 이를 화로써 갚느니라子曰 爲善者 天報之以福 爲不善者 天報之以禍"라고 했다. 세상살이 이치가 이 한 문장에 담겨 있다.

다는 말처럼 세상사 모든 것이 돌고 돈다. 철학은 '나'를 알고 '상대'를 이해하는 것에서 출발한다.

칼의 이치에 담긴
삶의 철학

검법을 수련할 때 가장 많이 생각하는 것이 검리劍理다. 칼을 사용하는 기본 이치를 말하는 것이다. 만약 검리에 옳지 않은 움직임이라면 무용지물이기에 무예로 이해하기보다 체조로 보아야 한다. 기본적으로 한 번 올라간 칼은 다시 내려오는 것이 이치다. 그리고 한 번 내려간 칼은 올라오는 것이 구조상 옳다.

그러나 칼은 혼자 움직이지 못한다. 인간이 손과 온몸을 이용해 움직임을 표현하기에 몸 또한 이치에 맞아야 한다. 만약 한 번 내려간 칼이 올라오지 않고 다시 내려가려면 몸을 뒤집어 칼을 원상태로 돌려놓아야 한다. 검법에서는 번신翻身이라고 해서 몸을 뒤집어 칼의 움직임을 자유롭게 만드는 것을 말하기도 한다.

여기에 한 가지 중요한 변수가 있다. 바로 나를 상대하는 사람의 칼이다. 내 칼이 아무리 검리에 옳다 해도 움직임이 상대의 칼에 막힌다면 자유로울 수 없다. 또한 상대가 나와 길이가 같은 칼이

검 교전 모습. 칼 움직임 하나하나를 깊이 들여다보면 그 안에 세상 사는 이치가 담겨 있다. 칼을 올리거나 내리는 단순한 동작에도 검리가 있으며, 나와 맞서는 상대의 칼도 고려해야 한다. 상대가 든 것이 칼이 아니라 창이나 다른 무기라면 그에 맞추어 변화할 수 있어야 한다. 칼뿐만 아니라 세상사 모든 것은 기본과 원칙 속에서 조화를 추구해야 한다.

아닌 더 긴 칼이나 창을 잡았을 경우 대적하는 상대에 따라 움직임이 변화해야 한다. 따라서 검리에는 기본이 있지만 형식에 얽매여있지 않고 상황에 따라 변화한다.

삶을 살아갈 때도 검리와 비슷한 도리道理가 있다. 인생을 살아갈 때 도의 이치에 따라 살아야 하는 것을 의미한다. 제아무리 도를 깨우친다 하더라도 이치에 맞게 풀어내지 못한다면 아무 쓸모없다. 검리와 도리의 핵심은 '이치理'다. 옥편을 찾아보면 '이치'보다먼저 나오는 것이 '옥을 간다'라는 뜻이 담긴 한자다. 옥을 간다는것은 결을 살리는 것이다. 아무리 옥을 아름다운 형태로 갈아내도결대로 다듬지 않으면 곧장 두 동강 나고 만다. 그 결이 바로 이치다. 사람의 머리카락에는 머릿결이 있고, 잔잔한 호수에도 물결이있으며, 호흡에는 숨결이 있다. 머릿결대로 빗질을 하지 않으면 머리카락이 엉킬 것이고, 잔잔한 호수에 돌멩이를 던지면 잔잔한 물결이 순식간에 깨지고 파동이 그 위를 덮을 것이다. 숨결이 고르지못하면 신체에 무언가 이상이 있다는 조짐이다. 결을 따르지 않으면 파국이 온다. '한결같다'는 우리말의 '결'도 같은 뜻이다.

이치의 중심에는 기본과 원칙이 있다. 위정자들이 제아무리도道를 외치고, 검술가가 검을 수련한다 해도 그 중심에 있는 이치즉, 기본과 원칙을 지키지 않는다면 '아무 의미 없다'.

춘추시대 제齊나라의 사상가인 관중管仲의 말을 모아놓은 『관자管子』를 보면 이런 구절이 있다. "도가 가버린 자에게는 백성이 오지 않고, 도가 오는 자에게는 떠나는 백성이 없다道往者其人莫來 道來者其人莫往." 도는 한 번에 만들어지거나 스스로 행해지지 않는다. 백성의 삶 속에 어떤 기본과 원칙이 정책적으로 옳은지 그른지 판단하고 꾸준히 풀어갈 때 비로소 도가 발현된다. 기본과 원칙이 지속적으로 지켜질 때 비로소 사람들이 따르는 법이다.

칼 역시 혼자 움직이지 않는다. 칼을 잡고 상대의 움직임과 내 움직임을 생각하며 같은 동작을 수천수만 번 반복해야 비로소 내 몸의 이치에 맞는 수련이 된다. 단번에 힘과 권력으로 모든 것을 억누르며 세상의 도리에 따르지 않거나, 검리에 따르지 않고 제멋대로 칼 가는대로 수련하면 종국에는 파국을 맞이할 수밖에 없다. 세상사 모든 것은 기본과 원칙 속에서 조화를 추구해야 한다. 그것이 도리고 검리다.

아름다운 칼의 철학,
검무

춤은 태초에 자연에서 출발했다. 인간은 바람을 따라 이리저리 움직이는 잎사귀들의 움직임이나 천둥 번개를 몰고 빠르게 움직이는 구름의 모습 등을 모방하며 춤을 만들어냈다. 자연물 숭배는 인간의 나약함을 감추고 대자연에 의지하려는 본성에서 출발한 것이다. 그래서 고대의 다양한 제의祭儀에는 춤이 빠짐없이 등장했다. 특히 풍요로운 곡식 수확을 감사하는 추수감사절 성격의 축제에서 춤은 하늘에 올리는 선물과도 같은 것이었다.

요즘은 지역마다 많은 축제가 생겨 날씨가 좋은 봄가을이면 전국에 축제가 넘쳐난다. 마치 축제 공화국이 된 것 같다. 축제祝祭는 말 그대로 여러 사람이 축하하는 마음을 모아 하늘에 기원을 올리며 신과 인간이 만나는 행사였다. 인간이 만들어낸 풍요로움을 신과 함께 공유하고 풀어내는 것이다. 여기에는 미래에 대한 갈망이 담겨 있다. 내년에도, 그 후년에도 풍요로울 수 있게 해달라는 지극히 인간적인 염원이 담겨 있다.

축제에서 춤은 가장 인간적인 몸짓으로 자연을 흉내 내며 하늘과의 소통을 이끌어내는 매개였다. 그런 춤과 무예가 만난 것이 바로 검무劍舞다. 가녀린 여인의 손에 쥐어진 칼 두 개나 서슬 퍼런 장수의 손에 들린 큰 칼의 움직임에는 하늘과의 소통에 대한 기원이 담겨 있다. 칼이나 창을 쥐고 춤을 추며 전쟁의 승리를 기원하고 아군의 승리를 북돋았는데, 검무는 그러면서 날로 화려함을 더해갔다. 조선시대에 이르러서는 잘나가는 기방의 기녀라면 검무 정도는 출 수 있어야 제대로 대접을 받기까지 했다. 그래서 지금도 진주검무나 밀양검무, 평양검무 등이 이어져 내려오고 있다.

『무예도보통지』에는 우리의 가장 오랜 검법인 본국 검법이 신라 화랑의 검무에서 유래했다는 기록이 남아 있다. 검무 안에는 춤과 무예의 본질이 살아 있어야 한다. 어느 한쪽으로 치우친다면 그 의미는 사라지고 만다. 아름다운 춤사위에 현혹되어 가락에 맞추어 몸을 움직인다면 그것은 검무가 아니라 무기를 들고 춤을 추는 행위에 불과하다. 반대로 무예의 속성인 실전성에 과도하게 치우친다면 그것은 선의 아름다움이 무너지고 공격과 방어 지향적인 단순하고 현실적인 몸짓으로 변할 가능성이 높다.

군이 검무를 배우지 않았더라도 오래 무예를 익히거나 춤을

무예가 깊어지면 곧 춤이고 예술이 된다. 혜원 신윤복申潤福의 〈쌍검대무雙劍對舞〉에는 검무를 추는 무녀 두 명이 등장하는데, 치맛자락이 휘날리는 모습을 보면 『무예도보통지』의 쌍검법 중 초퇴방적세로 고요히 뒤를 돌아 회전하는 자세로 보인다. 검무 안에 춤과 무예의 본질이 함께 살아 있다.

익혀온 고수의 움직임은 검무의 맛이 난다. 가사 적삼을 입고 승무를 펼치는 노승의 절제된 걸음걸이는 마치 적에게 조심스럽게 다가서는 움직임과 같다. 온 힘을 떨쳐 펼치듯 기운을 한곳에 모아내면 그것이 일격 필살의 살수가 된다. 오랜 세월 수련을 거듭한 검객이 휘두르는 한칼은 그 자체로 충분히 아름다운 검무다.

춤과 무예가 만나 새로운 형태로 탄생한 검무는 어떤 때에는 춤이라는 외피를 쓰고 무예의 본성을 품는가 하면, 다른 때에는 무예라는 틀 속에서 아름다움을 펼쳐보이기도 한다. 춤과 무예 그 두 가지의 관계성을 가장 잘 표현한 문장은 아마도 『논어』에 등장하는 '문질빈빈文質彬彬'일 것이다. 공자는 문질빈빈에 대해 "바탕質(참된 마음)이 형식文(예의범절)을 압도하면 거칠고, 형식이 바탕을 압도하면 겉모습만 번드르르하다. 형식과 바탕이 잘 어울려야 비로소 군자라고 하는 것이다"라고 설명했다. 이는 내용이 중요한지, 형식이 중요한지에 대한 설명이기도 하다. 겉모양을 꾸미기 싫어하는 질박한 사람은 내용이 중요하다 할 것이고 미적 감각과 사교성이 뛰어난 사람은 형식이 중요하다 할 것이다. 그러나 공자는 내용과 형식이 잘 조화된 후에야 군자답다며 두 가지를 모두 겸비해야 한다고 명쾌하게 결론을 내렸다. 누구나 예쁘게 포장된 실속 있는 선물을 받을 때 가장 즐거울 것이다.

오늘날 우리는 지나치게 형식 즉, 외형에만 치우쳐 있다. 속된 말로 겉멋만 들어 내용물은 허접한 경우가 많다. 검무의 경우도 지나치게 화려함만을 추구하며 무예의 본질은 내팽개쳐버리는 경우가 많아 마음 한편이 불편하기까지 하다. 모든 예술이 그러하듯이 춤과 무예의 궁극은 종이 한 장 차이밖에 나지 않을 것이다. 그러나 그것을 조화롭게 한 흐름으로 만드는 일은 쉽지 않다.

수련을
계산할 수 있는가?

무예 수련은 지극히 주관적이다. 상대에 따라 변화하지 못하면 아무런 의미 없는 동작으로 흘러버리기 쉽다. 무예 수련은 셈을 하는 산수가 아니다. 1 더하기 1이 2라는 덧셈은 무예 수련에서 통하지 않는다. 내가 한 배 더 수련한다고 해서 능력이 한 배 올라가는 것도 아니며, 상대보다 한 배 더 능력치가 올라가는 것도 아니다.

내가 주먹을 한 번 뻗는다고 상대도 주먹을 한 번 뻗는 것은 아니다. 만약 이렇게 무예를 더하기나 빼기와 같은 사칙연산으로 사고하고 수련하면 실제 상황에서는 난해한 미적분 수학이 기다리고 있을 것이다. 그 순간 학창 시절 가끔 들었던 일명 '수포자'로 전락할 것이다. 물론 더하기 빼기만 해도 일반적인 삶에는 큰 지장이 없다. 그러나 수학적 사고가 있어야 더 넓은 세상을 경험하고 지혜를 배워나갈 수 있다.

고대 수학자 중 상당수는 철학자기도 했다. 우리가 한 번쯤

들었던 고대 그리스의 수학자 피타고라스Pythagoras 역시 철학자였다. 그가 남긴 정리인 '직각 삼각형에서 직각을 낀 두 변의 제곱의 합은 그 빗변의 제곱과 같다'는 정리는 도형을 수로 분석하는 기본 틀이다. 당시 피타고라스를 비롯한 상당수의 철학자는 수가 세상 만물의 본질이라고 보았다. 따라서 다양한 사물이나 현상을 수의 비교를 통해 관계성을 밝혀내고 나아가 수로 우주의 질서와 조화를 인식할 수 있으리라는 믿음 속에서 수학을 연구했다.

인생을 수학으로 표현하자면, 미분과 적분으로 설명할 수 있다. 모든 인생은 매 순간 선택과 선택 속에서 이루어지며, 그 선택의 결과가 모여 오늘의 나를 만들기 때문이다. 아주 쉽게 설명하면, 지난날 내가 지속적으로 무지막지하게 먹어치웠기에 체중이 증가해 표준 이상으로 뚱뚱해진 것이다. 뚱뚱해진 몸을 정상으로 만들기 위해서는 앞으로 먹을 음식을 가장 작은 단위까지 쪼개 각각의 열량을 체크하고 알맞은 소비량을 계산하고 적용하는 것이 필요하다. 그것이 단순하게 살펴본 삶의 미분이고 적분이다.

그래서 혹자는 "일과 시간은 미분하고, 믿음과 돈은 적분하라"는 말을 하기도 한다. 우리가 매일매일 처리해야 하는 일들은 한없이 쌓여만 간다. 매일매일 밥을 먹기에 설거지는 쌓이고, 주머니의 돈은 매일매일 빠져나가기만 한다. 그래서 한 달 내내 일하지만,

매월 카드 결제일이 되면 '내가 카드사를 위해서 일을 하나?'라는 웃기지도 않은 망상을 하기도 한다.

우리가 해야 할 일은 시간을 세밀하게 쪼개고 쪼개서 알뜰하고 계획적으로 사용하는 것이다. 그렇게 내 일과 시간을 쪼개는 것이 미분이다. 나와 세상의 관계망을 안정적으로 풀어가기 위해서는 믿음이 필요하다. 돈은 그 믿음을 바탕으로 자연스럽게 쌓여가는 것이다. 믿음을 깨고 제멋대로 살아간다면 돈은 결코 쌓이지 않는다. 그것이 적분이다. 그래서 미분은 미래를 예측하는 도구로 활용하기도 하며, 적분은 과거를 들여다보는 거울 기능을 하기도 한다. 수학은 단순한 셈의 한계를 넘어 인류가 과거의 경험을 바탕으로 미래를 예측하게 해준다. 이를 통해 우리는 좀더 계획적으로 삶을 배우고, 생각하고, 미래를 꿈꿀 수 있다.

그러나 우리 의식구조의 상당 부분은 왜곡된 산수가 지배하고 있다. 내가 어제 수련을 두 배로 했으니, 두 배는 실력이 늘 것이라는 어설픈 생각 같은 것이다. 내가 이만큼 했으니, 너도 그만큼 주어야 한다는 논리와도 연결된다. 늘 그렇듯이 남의 떡이 커 보이며, 내 손톱 밑의 가시가 남의 지랄병보다 아프다. 산수에 머무르지 않고 철학적 사고를 바탕으로 먼 미래를 풀어나가야 한다.

나를 이기는 것이
어렵다

무예는 인간 투쟁의 발현체다. 거친 자연 속에서 살아남아야 했고, 그보다 더 독한 인간들과의 전투에서 살아남기 위해 인간은 무예를 수련했다. 혼자 살아남기 힘들어 둘이 되었고, 그보다 힘든 상대를 뛰어넘기 위해 공동체를 만들었다. 그 공동체 안에도 끊임없는 경쟁이 있기 때문에 무예를 수련해온 것이다.

전투적인 무예가 공동체 안에서 살생의 위협을 제거하고 순위를 결정짓는 수단으로 활용되면서 경기 혹은 스포츠가 만들어졌다. 만약 무예의 본질에 충실한 나머지 상대의 목숨까지 앗는다면 공동체의 전투력이 상실되기 때문에 스포츠는 극한의 움직임을 만들되 살상은 자제하는 방식으로 발달했다. 몸짓이 더 부드러워지고 유쾌해지면서 놀이와 춤을 비롯한 여가 활동이 만들어졌다.

하지만 공동체 내부도 투쟁의 현장이며, 경쟁의 연속이다. 상대를 이겨야 더 높은 곳에 올라가고, 더 강해질 수 있기에 쉽게 승부가 나는 법이 없다. 상대보다 빨리 달리고, 높이 뛰고, 멀리 가야 자신의 존재를 알릴 수 있다. 그래서 올림픽 구호가 '더 높이, 더 멀리, 더 빨리'인 것이다.

경쟁의 공간에서는 오로지 1등 혹은 우승자만 기억된다. 그러나 1등의 기쁨은 잠시다. 언제든지 새로운 경쟁자가 나타나 1등을 뛰어넘어 또 다른 1등이 되기 때문이다. 또한 1등은 늘 혼자라 외롭다. 지나가버린 1등은 한없이 초라하다. 우리가 술자리에서 주고받는 말 중에는 '왕년의 무용담'이 많다. 지나간 추억은 한없이 달콤하지만 현실이라는 낭떠러지 앞에 있는 우리의 삶은 늘 초라하고 불편하다. 왜 그럴까? 그것은 아마도 상대는 이겼지만 자신은 이기지 못했기 때문일 것이다. 눈에 보이는 상대는 온갖 방법으로 제압할 수 있지만, 내 마음속에서 스멀스멀 자라나는 자만심이나 만용 등은 욕망이라는 이름으로 자기 자신을 물들이기 때문이다.

노자老子의 『도덕경道德經』 제33장에는 변덕辯德이라는, '덕이란 무엇인가'를 논한 문장이 있다. 그 내용은 이렇다. "남을 아는 것이 지혜라면, 자기를 아는 것은 밝음이다. 남을 이기는 것이 힘 있는 것이라면, 자기를 이기는 것은 정말로 강한 것이다. 만족을 아는 것이 부유한 것이고, 억지로 행하는 것은 뜻이 있기 때문이다. 그 본래의 자리를 잃지 않는 것이 영원한 것이고, 죽지만 멸망하지 않는 것이 수를 누리는 것이다知人者智 自知者明 勝人者有力 自勝者强 知足者富 强行者有志 不失其所者久 死而不亡者壽."

세상살이를 하면서 누구는 덕이 있네, 없네 '뒷담화'를 하고, 또 다른 누군가는 자신이 부덕하다며 읍소를 한다. 이 모든 것이 '자승자강自勝者强'을 이해하고 실천하지 못했기 때문이다. 자신을 이겨내지 못하니, 세상 모든 것이 삐딱하게 보이고 자신만 초라하게 보이는 것이다. 공자 역시 인仁의 본질을 '극기복례克己復禮'라고 하여 자기 자신의 마음속을 극복하고 본연의 모습인 예禮로 돌아가는 것이라고 설명했다. 예는 복잡해 보이기도 하지만, 단순하게 풀어보면 상대에 대한 적극적인 배려에서 출발하는 것이다.

거추장스러운 꾸밈이 들어가면 예는 힘들어지고 어려워진다. 나도 힘들고 예를 받는 상대도 힘들어진다. 자기의 본모습을 제대로 알고 이겨내지 못하면 예도 힘들어지게 된다. 다른 이를 앞서기 위해 노력하는 것보다 자신을 이기는 법을 먼저 이해하고 풀어가면 덕德도, 인仁도 갖추어질 것이며, 자연스럽게 예禮도 챙겨질 것이다. 그러나 자기 자신을 이기는 일은 참으로 어려운 일임을 늘 깨닫는다. 그렇게 하기 위해서는 죽을 때까지 끊임없이 익히고 배워야 한다.

제**3**장.

무예의
종착점,
전쟁

〈창의토왜도(倡義討倭圖)**〉, 고려대학교 박물관 소장**

1592년 임진왜란이 발발하고 왜군이 함경도까지 진격하자 의병을 일으켜 대항했던 북평사北評事 정문부鄭文孚의 활약상을 담은 그림이다. 왜군을 격퇴하는 모습과 왜군과 내통한 자의 목을 치는 장면이 인상적이다. 기록을 보면 경성鏡城 사노寺奴 국세필鞠世必이 반역해 적이 주는 관작을 받기까지 했다. 정문부는 창의대장倡義大將이라는 이름으로 의병들을 소집해 왜적에게 대항했다. 그의 휘하에 있던 의병장 강문우姜文佑는 국세필을 사로잡아 목을 쳐 효수했다.

전투에도
궁합이 있다

　　　　　　　　결혼을 준비하는 사람들은 궁합을 맞추어본다. 서로의 장점과 단점이 어떻게 어우러질지 미리 살펴보아야 세상살이가 좀더 편해지기 때문이다. 무기에도 궁합이 있다. 서로 절대 맞서지 말아야 하는 상극相剋이 있고, 함께 싸워야 힘을 발휘하는 상생相生도 있다.

　　조선 후기에 보급된 낭선狼筅이라는 무기는 4미터가 넘는 대나무 장대 가지 하나하나에 수십 개의 철편을 단 무기다. 가지에 단 철편에는 독약을 발라, 조금만 스쳐도 치명적인 부상을 입혔다. 움직이는 가시철조망이라고 생각하면 이해하기 편하다. 이런 낭선과 창이 대결하면 반드시 낭선이 이긴다. 낭선의 철편이 저마다 자유롭게 움직이면서 창을 휘감아 창이 제대로 방어할 수 없게 되기 때문이다. 그래서 낭선과 창은 상극 관계다.

　　등패藤牌는 조선 후기에 보급된 방패의 일종인데, 베트남을 비롯한 남방 지역에서 등나무를 수입해 만들었다. 등나무를 기름에

십여 차례 삶고 말리기를 반복하면 가벼우면서도 웬만한 화살은 튕겨낼 정도로 단단한 방어 무기가 된다. 당시 등패는 원료가 수입품으로 비싸서, 웬만한 백성의 집 한 채 가격에 육박할 정도였다. 당연히 많이 보급하기 어려웠다. 이런 등패와 낭선이 싸우면 반드시 등패가 이긴다. 4미터가 넘는 낭선을 크게 휘두를 때 등패 뒤에 사람이 교묘하게 숨어서 파고들면 낭선은 맥을 못 춘다. 병서에서는 이를 "민첩한 것이 둔한 것을 이는 것"이라고 했다. 등패와 낭선도 상극 관계다.

곤방梶棒은 일종의 긴 봉이다. 이 무기는 보통은 밥을 짓는 화병이 갖고 다니며 자루에 솥을 걸거나 물건을 양쪽에 매달아 운반하는 등 다양하게 활용했다. 그런데 곤방과 등패가 싸우면 반드시 곤방이 이긴다. 곤방은 위아래가 따로 없기에 번갈아 가며 등패를 때리면 등패가 뒤집어지기 때문이다. 병서에서는 지게 작대기로 거북이 등껍질을 앞뒤로 두드리면 뒤집어지는 성질과 같다고 표현했다. 곤방과 등패도 상극 관계다.

장창長槍은 4미터가 넘는 긴 무기로, 쉽게 부러지지 않도록 몇 개의 나무를 덧댄 합목으로 만들었다. 보통은 창이라고 하면 찌르는 무기로 생각하는데, 장창은 워낙 긴 무기라 찌르는 용도뿐만 아니라, 높이 들었다가 내려치는 식으로도 활용했다. 창 자루를 땅에 비스듬히 박아서 적 기병이 탄 말의 목을 겨냥하면 제아무리 철갑 기병이라도 꼬꾸라뜨릴 수 있었다. 그런데 장창과 곤방이 싸우면 반드시 장창이 이긴다. 긴 무기의 특징상 서로 찔러 들어가면 길이가 짧은 곤방이 지기 때문이다. 따라서 장창과 곤방 역시 상극 관계다.

이렇듯 무기의 궁합을 제대로 맞추어야 전투에서 효과적으로 능력을 발휘할 수 있다. 병법에서는 이를 "장이위단長以衛短(긴 무기로 짧은 것을 지키고), 단이구장短以救長(짧은 무기로 긴 것을 구한다)" 이라고 했다. 요즘으로 치면 전차와 헬리콥터를 한데 묶어 전술을 구사하는 경우가 이에 해당한다고 할 수 있다.

그런데 궁합이 맞지 않아도 잘 사는 사람이 있고, 상극이라 패할 수밖에 없는 상황인데도 승리한 전투가 있다. 궁합이 맞느냐 맞지 않느냐라는 이분법적 판단이 아니라, 어떻게 맞추어갈 것인가를 전술적으로 고려한다면 더 좋은 결과물을 만들어낼 수도 있기 때문이다. 인생을 궁합이라는 틀에 갇혀 살아간다면 오히려 더 재미없는 결과를 초래할 수 있다. 극과 극은 통한다고 했으니, 원수 같은 사람이 정말로 나와 잘 맞는 인연일지도 모른다.

승리를 만드는 능력과
자질

무예는 개인이 익히는 것이다. 개인의 전투 능력이 높아지면 조직의 전투 능력도 높아진다. 그러나 여기에는 전제 조건이 있다. 바로 지휘관의 자질과 능력이다.

조선시대 병서를 살펴보면 이러한 부분이 좀더 선명해진다. 병법서라고 하면 실제 전투에서 싸우는 방법이 주를 이룰 것 같지만, 실제로 가장 많은 부분을 할애하는 것은 '장수의 마음가짐'이다. 아무리 날랜 범 같은 군사가 있어도 적재적소에 배치하지 못한다면 전쟁에서 패배할 뿐이며, 군사들에게는 죽음만 있을 뿐이다.

병서에서 장수의 마음가짐은 다룬 부분을 크게 3가지로 구분해볼 수 있다. 첫째는 전투가 있기 전 장수의 마음가짐에 관한 부분으로, 군사들을 전투에 내보내기 위해 충심을 기르는 방법이다. 둘째는 전투 시 어떻게 지휘해야 하는지에 대한 방법이다. 셋째는 전투의 승패가 결정된 후 상벌을 어떻게 내려야하는지에 대한 부분이다.

조선시대에 전투에 임하는 군사의 움직임에 관해 '선진후기 先陣後技'라는 말이 있었다. 조직적인 진법을 교육한 이후에 전투 능력과 직결된 무예 훈련을 진행한다는 뜻이다. 군사들이 개인적으로 사고하고 움직이는 것이 아니라, 조직적으로 사고하고 행동할 때 최고의 힘을 발휘한다고 판단했던 것이다. 군대를 지휘하는 장수는 개인을 넘어서 조직을 대표하기에 그들의 마음 자세와 수련 방식은 군대 운영과 연관성이 크다. 조선 전기 병서인 『병장설兵將說』은 장수의 능력과 자질을 상중하로 구분한다.

상上에 해당하는 장수는 스스로 활쏘기와 말타기를 일삼고 유술儒術, 즉 유교적 학업을 닦은 사람이다. 전쟁 현장에서 지휘관은 창칼을 부딪치지 않지만, 군사들의 움직임과 고통을 이해해야 그들의 아픔을 느낄 수 있으리라 판단했던 것이다. 무예 기능뿐만 아니라 유교적 가르침을 몸에 익힌, 단순한 무관이 아닌 유교적 선비의 모습을 간직한 장수를 길러내고 싶었던 것이다.

중中으로 여기는 장수는 학자를 비방하고 무용武勇을 숭상하되, 경거망동을 삼가는 사람이다. 무예 기능에만 충실한 장수가 아니라 관료로서 조직을 이끌 사람을 중시했다는 것을 알 수 있다. 조선의 지배 구조가 양반兩班이라고 불린 것은 문반文班과 무반武班을 이르는 말이기에 무반 역시 유교적 학풍을 지녀야 했다.

하下로 분류되는 장수는 힘을 믿고 세력에 의지하며 사람을 만나면 거만하게 대하는 자다. 이런 장수를 최악으로 여겼다. 제힘만 믿고 날뛰는 장수는 전쟁이 일어나면 앞뒤 가리지 않고 군사를 사지에 몰아넣을 가능성이 높기 때문이다.

예나 지금이나 군대를 지휘하는 장수의 덕목은 변하지 않는다. 승진을 위해 정치적 꼼수를 쓰거나 자신은 수련하지 않고 부하들만 죽도록 고생시키는 장수는 어느 전쟁에서도 백전백패가 확실하다. 제아무리 하늘을 날고 땅을 가를 용맹한 군사가 있어도, 제아무리 뛰어난 첨단 무기가 있어도 그것을 지휘하는 장수의 자질과 능력이 부족하면 그 나라의 전투력은 '0'에 가깝다. 자주국방을 외친 지 벌써 반백 년이 넘었지만 잊을 만하면 터지는 각종 군사 비리를 접하면, 아직도 제대로 된 길을 못 찾은 듯한 현실이 가슴 아플 뿐이다.

명량대첩의
승리 요인

무예라는 말을 들으면 강한 주먹이나 날렵한 몸놀림이 먼저 떠오른다. 남자들이 가진 '로망'의 중심에는 무예가 있다고 해도 과언이 아닐 것이다. 그래서인지 무예를 익힌 사람 주위에는 허무맹랑한 무용담이 떠돌기 마련이고, 사람들은 반신반의하면서도 선망의 눈빛을 보내곤 한다. 중국 무협 영화에 등장하는 신비한 무공 비급이나 강력한 무술은 상상하는 것만으로도 신명이 난다. 하지만 전장에서의 무예란 개인의 생명, 나아가 국가의 운명과 직결되는 것이다. 조선시대 군사들은 늘 무예의 핵심을 고민했고, 그것을 실전에서 재현하기 위해 끊임없이 훈련을 반복했다.

2014년에 개봉한 영화 〈명량〉은 한국 영화 역대 흥행 1위를 기록하며 무려 1,700만 명이 관람했다. 말 그대로 대세였다. 인간 이순신과 장군 이순신이 영화라는 매체 속에서 적절히 녹아났다. 여기에 박진감 넘치는 해상 전투 장면은 카타르시스를 느끼게 해줄 정도로 인상적이었다. 그렇게 '충무공'은 전쟁 같은 오늘의 삶을 살아가는 우리에게 시공을 뛰어넘어 가슴으로 파고들었다.

1592년 4월에 일어난 일본과의 전쟁은 조선이라는 국가의 시스템을 순식간에 마비시킬 정도로 커다란 재앙이었다. 전쟁이라는 특수 상황을 겪으며 가장 많은 혼란과 변화를 겪은 곳은 다름 아닌 군대였다. 조선군은 그동안 유지, 발전시켜온 무예를 대대적으로 개조하게 되었다.

전쟁을 시작한 지 20일도 못 되어 수도 한성이 적의 수중에 들어갔다는 것은 군의 입장에서는 상상할 수 없는 치욕이었다. 게다가 왕이 수도를 버리고 개성과 평양을 거쳐 국경 근처 의주로 피란해야 하는 한계 상황까지 내몰렸다. 물론 이후 북쪽에서 명군이 도착했고 남해에서는 이순신 장군이, 내륙에서는 관군과 의병이 활약해 전세를 만회할 수 있었다. 불리한 전황을 극복하기 위해 군사 시스템을 재편하고 군사 무예의 변화를 꾀한 것은 어찌 보면 당연한 수순이었다.

당시 변화 없이는 살아남을 수 없다는 절박감이 압도적으로 작용했다. 전투의 승부와 직결되는 군사들의 무예 훈련은 조선의 생존과 직결되는 문제였다. 이런 위기 상황을 벗어나기 위해 당대 최고의 병법가들이 머리를 맞대고 '무예의 요체가 무엇인지' 그리

2016년 명량대첩축제에서 명량대첩을 재현하는 모습. 당시 조선 수군은 판옥선 13척으로 일본 수군의 안택선 133척을 격파했다. 명량대첩은 이순신이라는 명장의 정교한 전술과 울돌목이라는 환경, 군사들의 사기, 백성들의 지원 등이 모여 이루어.

고 '어떤 방식으로 훈련해야 하는지'를 고민했다. 이후 조선군 최고의 전략가들이 정리한 군사 무예의 핵심은 일담一膽(담력), 이력二力(힘), 삼정三精(정교함), 사쾌四快(빠름)로 정리할 수 있다.

첫 번째가 담, 즉 용기다. 이것은 실제 전투 상황과 직결된다. 창칼이 번득이고 화살과 총탄이 빗발치는 전장에서 담력이 없다면 아무것도 할 수가 없다. 두 눈을 크게 뜨고 적의 움직임을 살펴 대응해야만 살아남을 수 있는 기본이 만들어진다. 개인의 용기가 모이면 집단 즉, 군대의 사기士氣가 된다. 사기가 꺾이면 전투는 무의미하다. 명량대첩에서 이순신을 따르던 군사들이 마지막까지 되새겼던 "싸움에 있어 죽고자 하면 반드시 살고 살고자 하면 죽는다"라는 독기어린 집념이 바로 그것이다. 여기에 백성들까지 힘을 보탰고, 이순신의 정교한 전술을 바탕으로 회오리 바다에서 빠른 군사 전개가 이루어진 것이 명량대첩이라는 큰 승리를 이루어낸 핵심 요인이다.

현대인들은 흔히 '사는 것이 전쟁'이라는 표현을 한다. 그만큼 혹독한 경쟁 속에서 하루를 보내기 때문인지 여기저기에서 '힐링'이라는 말이 봇물 터지듯이 쏟아져나온다. 삶이라는 전투에서 심신의 상처를 입었으니 넉넉히 보듬어달라는 '소리 없는 아우성'인 셈이다. 전쟁과도 같은 일상에서 상처받지 않기 위해 조선시대 무예의 요체인 '담-력-정-쾌'를 적용해보면 어떨까? 부닥친 일에 용기와 힘을 갖고 대응하면 일단은 절반은 이기고 들어가는 것이다. 이를 전술적으로 정교하고 빠르게 처리한다면 실패의 늪이나 좌절의 쓴맛을 보다 쉽게 건널 수 있을 것이다. 기본은 모든 곳에서 통한다.

바늘 하나로도
적장을 잡는다

몸으로 익히는 무예든, 머리로
익히는 공부든 핵심은 반복이다. 똑같은 동작이라도 수백 번, 수천
번을 반복하면 그 움직임은 몸속 깊은 곳에 자리 잡게 된다. 글공부
역시 마찬가지다. 글을 읽을 때 가장 중요한 것은 무수하게 반복해
좋은 문장을 외우거나 그 문장의 진의를 파악하는 것이다. 이런 반
복으로 우리 몸은 의지를 능가하는 영역에 도달할 수 있다.

무예 수련에서 반복의 중요성에 관해 이런 이야기가 전해진
다. 임진왜란 때였다. 왜군의 진격 속도는 상상을 초월할 정도로 빨
랐다. 불과 20일이 되지 않아 한양이 적의 손아귀에 떨어질 정도였
다. 어찌 보면 말도 안 되는 전격전이 펼쳐진 것이다. 이를 방어하
기 위해 조선은 명에 원군을 요청했고, 조금씩 전세를 역전시켜 나
갔다. 전쟁이 발발하고 5년 후 강화조약을 맺기 위해 짧은 냉전 상
태를 거듭하다가 다시 창칼과 조총이 난무하는 2차 전쟁이 펼쳐졌
다. 1597년에 발생한 정유재란이었다. 이미 전쟁이 깊은 생채기를

낸 뒤라 조선 땅 전체에 고통의 신음이 가득했다.

당시 명나라 장수 마귀麻貴는 최고 지휘관 신분으로 주요 전투를 이끌었다. 왜군의 진격로를 막기 위해 투입된 조명 연합군은 현재의 경기도 부천시 소사 부근에서 왜군과 조우해서 전열을 가다듬고 있었다. 앞에 닥친 전투의 승기를 잡는 쪽이 곧바로 이어질 큰 전투에서 승리할 가능성이 높았기에 팽팽한 긴장감이 양 진영 사이에 흐르고 있었다.

바로 그때 왜군 쪽에서 한 장수가 기세등등하게 칼을 휘두르며 달려 나와 실력을 뽐냈다. 조명 연합군 진영에서도 장수가 긴 창을 휘두르며 나갔지만 몇 합도 제대로 겨루어보지 못하고 창이 부러지고 장수는 왜군의 칼에 목이 날아갔다. 이후 연달아 4명이 달려 나가 실력을 겨루었지만, 모두 그 칼에 두 동강이 나고 말았다. 잇따른 승리로 기세가 오른 왜군은 조명 연합군 진영에 근접해 비웃는 등 도발했다. 이 광경을 본 마귀 제독은 왜군을 상대하는 자에게 큰 상을 내릴 것이라 알렸지만, 병사들도 목숨이 아까워 나서려 하지 않았다.

이때 조선군에서 가장 신분이 낮은 군사 한 명이 조용히 앞으로 걸어 나왔다. 그는 마귀에게 인사하고 맨손으로 신출귀몰한 왜군을 없애겠노라고 이야기했다. 이것을 본 다른 군사들은 어이가

정유재란 시 울산성 전투를 묘사한 그림. 조명 연합군이 일본군이 점령한 울산성을 공격하고 있는 모습이다. 명나라 장수 마귀도 이 전투에 참전했다. 1597년 왜장 가토 기요마사加藤清正가 북진이 막히자 남해안에 주둔할 목적으로 성을 세우고 조명 연합군과 맞섰는데, 길고 처절한 전투로 조명 연합군 측은 1만 5,000명이 넘는 전사자를 냈고, 왜군도 1만 명 넘게 죽고 가토 역시 할복을 결심할 정도였다고 한다.

없어 비웃었다. 하지만 아무도 나서지 않았고, 마귀는 그 군사를 내보냈다. 큰 칼을 휘두던 왜군 역시 맨몸으로 이리저리 움직이며 춤 같은 이상한 동작을 하는 조선 군사를 반쯤 미친 사람으로 보았다. 그런데 갑자기 기세등등하던 왜군이 땅바닥에 꼬꾸라졌다. 조선 군사는 천천히 걸어가 왜군의 목을 잘라 연합군 진영으로 돌아왔다. 이후 전투는 조명 연합군이 대승했다.

　마귀는 그 조선 군사를 불러 자초지종을 물었다. 그 군사는 "어려서 앉은뱅이가 되어 혼자 방에만 있었는데, 하도 심심해서 바늘 한 쌍을 창문에 던지는 연습을 수없이 했습니다"라고 했다. 친구도 없어 매일 방 안에 틀어박혀 바늘 던지기만 반복했는데, 3년을 매일같이 던지자 언제부터는 원하는 곳 어디라도 마음만 먹으면 바늘을 창처럼 던질 수 있게 되었고, 어른이 되자 다리에 힘이 붙어 걸을 수 있게 되면서 전쟁에도 참가하게 되었다는 것이다. 왜군은 허름한 복장의 조선군이 맨몸으로 춤을 추자 비웃으며 깔보았고, 이때 기회를 보아 그의 눈에 바늘을 꽂아 뇌를 관통시킨 것이었다.

　이는 18세기 최고의 문장가로 이름을 날린 성대중成大中의 『청성잡기靑城雜記』라는 책에 실린 이야기다. 반복 수련의 핵심은 '단련鍛鍊'이다. 단련의 사전적 정의는 '금속에 불을 달구어 두드려서 튼튼하게 함'이다. 인체를 수련으로 끊임없이 강화시키거나 책을 통해 마음공부를 하는 것이 단련의 본질이다. 그래서 단鍛은 천 일을 수련하는 것이고, 연鍊은 만 일을 갈고닦는 것이라는 '천단만 련千鍛萬鍊'이라는 무예 수련에 관한 명언이 만들어진 것이다. 안되면 될 때까지 반복하면 언젠가는 모든 일이 된다는 믿음이 필요하다.

총 쏘는 것이
무예였던 이유

요즘 사람들에게 총을 쏘는 것이
무예라고 하면 고개를 갸우뚱할 것이다. 그런데 조선시대에는 조총
을 쏘는 것을 무예의 한 종목으로 인정했다. 조선 후기 무관을 뽑는
무예 시험에서 조총을 쏘는 방포술은 핵심 과목이었다. 당시에는
총을 만드는 기술이 부족해서 총기 자체의 성능보다 이를 다루는
사람의 능력을 중요시했다. 또한 몇 명이 함께 조를 이루어 쏘는 총
통(대포)과 달리 조총은 개개인이 빠르게 사격할 수 있는 능력을 시
험했기에 무예로 충분히 인정을 받았다. 재미있는 것은 움직이지
않는 허수아비나 표적을 쏘는 것은 기본이고 일정 거리에 있는 참
새를 쏘아 맞추는 시험을 했을 정도로 실제 사격 능력을 우선했다
는 것이다.

당시 사격에 활용한 화약 제조법을 살펴보면 이렇다. 조선시
대에는 화약의 원료가 되는 초석(질산칼륨)을 구하는 것이 어려웠
다. 초석은 흙에서 얻는데 이를 모으기 위해 취토법取土法이라는 법

도 있었다. 흙에도 맛이 있다. 화약에 사용하는 흙은 맹맹한 일반 흙이 아니라, 숙성 과정을 거친 짠 흙(일명 함토)과 매운 흙(일명 엄토)에서 추출해야만 했다. 문제는 이런 흙은 아무 곳에나 있는 것이 아니라 조금 애매한 곳에 있다는 것이다. 사람이 살고 있는 집의 마루 아래나 화장실 근처에서 좋은 흙이 발견되었다.

당시 화약 재료를 수집하는 부대가 별도로 존재했는데, 취토군取土軍이라 불렀다. 취토군은 흙을 파는 도구와 수레를 가지고 이 집 저 집을 가리지 않고 무조건 달려들어 할당량을 채웠다. 그래서 집을 가진 사람들은 취토군을 싫어했다. 아무런 약속도 없이 문을 두드리고 들어와 처마 밑과 화장실 흙을 몽땅 퍼가니 비라도 오면 마당이 진흙탕으로 변하기 일쑤였다. 그래서 취토군이 올 때 미리 마당 가득히 모래를 깔아버리는 사람도 있었고, 권세 있는 사람은 답사를 나온 화약 담당자를 잡아다가 흠씬 두들겨 패기도 했다. 그러나 화약을 만드는 일은 국가 방위와 직결되는 문제라서 왕이 직접 나서기도 했다.

취토군의 하소연이 높이지자, 화약 제조를 위한 특별 취토령을 선포하기도 했다. 광해군 때는 당시 가장 군권이 강력했던 훈련도감訓鍊都監을 중심으로 도성 안의 각 지역을 무작위로 나누어 지위 고하를 막론하고 무조건 취토하라는 명령을 내리기도 했다. 만약

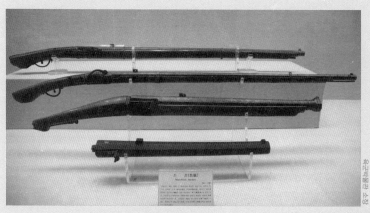

국군박물관 소장

조선의 조총. 임진왜란을 거치며 화약 무기가 전장을 점령해나갔으나 성능이 좋지 않아 조
총 자체보다 조총을 다루는 사람의 실력을 중시했다. 그래서 총 쏘는 것도 무예로 보고 훈
련했다. 방포술은 조선 후기 무과 시험의 주요 종목이기도 했다.

방해하는 사람이 있다면 말 그대로 군령으로 엄히 다스리겠다는 선포였다. 집의 크기에 비례해 초석의 양을 산정하고 군사를 동원해서 작업했는데, 비가 오거나 흙의 성질이 안 좋은 곳도 많아서 할당량을 채우기 힘들었다. 그래서 비상시에는 궁궐의 처마 밑이나 화장실 근처의 흙도 죄다 퍼내기도 했다.

이렇게 구한 흙은 곱게 태운 재를 섞어서 물에 녹이는 과정인 '사수'라는 단계를 거친다. 그다음 이를 가마솥에 넣고 끓였다가 채에 걸러 고운 침전물을 모아 끈적끈적한 아교를 넣어 뭉친다. 그런데 이런 과정을 거쳐서 나온 초석은 상상을 초월할 정도로 양이 적었다. 덤프트럭 한 대의 양을 정제하면 밥공기 하나 정도 나올까 말까였다. 그러니 화약 수백 근을 만들기 위해서는 말 그대로 산더미 같은 흙이 있어야만 했다. 이렇게 모은 초석에 유황과 재를 적당히 섞어서 쌀뜨물에 부어 절구에 넣고 부드러워질 때까지 반죽하면 화약이 된다.

조총 한 발을 발사하기 위한 화약에는 이렇게 많은 정성이 들어갔다. 조선시대에는 화약을 만들면 사각형으로 낱개 포장을 해서 반드시 만든 장인의 이름을 쓰게 했다. 만약 만든 지 5년이 되지 않은 화약이 맹렬하게 터지지 않으면 그 장인을 잡아다가 곤장 세례를 하고 다시 만들도록 했다. 실명제다. 뉴스를 통해 불량 전차나

미사일이 많다는 소식을 자주 듣는다. 조선시대에도 군수물자에 실명제가 적용되었다는 것은 책임 문제를 명확히 해야 한다는 뜻이다. 부디 막중한 책임감을 갖고 군의 전투력과 사기에 직결되는 군수물자 제작에 정성을 기울였으면 한다.

조선시대
군사훈련의 비결

조선시대 군사들이 가장 많이 훈련한 종목은 지금의 아침 구보와 같은 달리기였다. 특히 왕을 가장 가까이에서 모시는 금군禁軍은 빠른 발이 필수였다. 유사시에 빠르게 움직여 VIP를 모셔야 했기에 달리기 실력은 목숨과도 직결된 문제였다.

조선시대 달리기 훈련은 맨몸으로 달리는 것이 아니라, 거의 완전군장을 하고 달리는 것이었다. 사료를 보면 갑옷을 단단히 동여매고 손에는 자기 무기를 들고 전속력으로 300보(약 360미터)를 해당 시간 안에 주파해야만 최고의 군사로 인정받았다. 이때는 주통지법注筒之法이라고 해서 주통이라는 일종의 물시계를 놓고 엄격한 규정에 따라 시험을 보았다. 짧은 칼을 사용하는 군사는 그나마 빠르게 움직일 수 있었지만, 장창과 같이 긴 무기를 사용하는 군사에게는 엄청난 고행이었다.

달리기 훈련이 끝나면 바로 이어지는 것이 병기 훈련이었다.

훈련 시에는 의도적으로 군장을 비롯한 기본 장비에 더 무거운 무기를 활용해 군사들이 힘을 키우도록 했다. 조선시대 군사훈련은 '사람의 혈기를 왕성하게 하는 것'이 기본이었기 때문이다. 『병학지남연의』를 보면 "군사들의 몸은 쓰면 쓸수록 견고해지고 쓰지 않으면 약해지는 것"이라며, 힘줄과 뼈를 수고롭게 해서 몸을 고달프게 하는 것을 목표로 삼는다고 했다. 그래서 일반적인 가죽 갑옷을 입는 군사는 갑옷 안에 돌덩어리를 천으로 싸서 묶거나, 보통 칼보다 두 배는 넘는 무거운 목검을 이용해 훈련하기도 했다. 진법 훈련을 할 때는 발목에 모래주머니를 묶어 훈련 강도를 높였다. 그래야 실제 전투가 발생했을 때 더 가벼운 갑옷과 무기로 적을 충분히 꺾을 수 있기 때문이다.

조선시대 군사들이 입었던 갑옷은 병과마다 달랐다. 보병은 적에게 온몸이 노출되기에 무릎 아래까지 내려오는 긴 원피스형 갑옷을 입었고, 기병은 말 위에 올라타 상체를 주로 사용하기 때문에 상반신과 하반신을 분리한 짧은 갑옷을 입었다. 궁수는 활을 크게 당겨야 하기 때문에 넉넉하고 풍성한 갑옷을 입었으며, 긴 창을 쓰는 창수는 옷에 창이 걸리지 않도록 몸에 꼭 맞는 갑옷을 입었다. 가벼운 가죽 갑옷은 주로 보병이 입었는데, 주야로 이어지는 공성전 훈련 때는 무거운 철 갑옷으로 바꾸어 입혀 무게에 적응하는 것만으로도 훈련이 되게 했다. 좀더 철저한 지휘관을 만나면 모든 군사가 자기 병과와 다른 갑옷을 입고 훈련을 하기도 했다. '훈련은 불편하게, 실전은 편하게' 하도록 갑옷을 바꾸어 입는 훈련을 한 것이다.

달리기 훈련과 진법 훈련을 마치면 서로 무기를 들고 겨루는 교전 훈련이 이어졌다. 이때는 살상력을 최소화하기 위해 무기에 가죽을 두텁게 씌웠다. 짧은 칼을 사용하는 도검수는 목검에 가죽을 씌운 피검皮劍을 이용했고, 창수 역시 창날에 가죽을 씌운 피두창皮頭槍을 사용했다. 가죽을 씌운 무기 표면에 붉은 물감을 묻혀 상대의 몸에 얼마나 물감이 많이 묻었는지 확인해 훈련 성적을 매겼다. 말을 타고 활을 쏘는 궁기병도 화살촉을 완전히 제거하고 끝부분을 솜과 천으로 마무리한 무촉전에 붉은 물감을 묻혀 사용했다.

과학기술의 발달로 군사들이 사용하는 무기도 점점 첨단 장비로 변하고 있다. 컴퓨터를 바탕으로 전쟁을 수행하는 미래전이 시작되고 있다. 그러나 아무리 전쟁이 첨단화되어도 전쟁을 수행하는 것은 군사들이며 군사의 기본은 강인한 체력과 정신력이다. 몸과 정신이 강건해야 제대로 전투를 수행할 수 있다. 버튼 하나로 전쟁을 할 수 있어도 버튼을 누르는 마지막 순간까지 신중해야 하고, 그 과정의 육체적 · 정신적 고통을 견뎌내야 하기 때문이다. 결정적인 순간에 지력과 체력을 겸비하지 않는다면 올바른 판단을 내리기 어렵다. 그래서 전통시대든 오늘날이든 군사들은 신체를 단련하는 것이다. 지나치게 문명화되어 가는 현대사회에 체력과 무예가 요구되는 것도 같은 이유다.

　　조선시대 군사들이 입었던 갑옷
에는 재미있는 추위 극복 비밀이 있다. 당시 가장 보편적인 갑옷은
철갑鐵甲이었다. 작은 철판을 가죽끈으로 이어 붙여 만들어 웬만한
창칼은 쉽게 뚫지 못했다. 그래서 지휘관급 이상의 장교들이 주로
철갑을 입었다. 문제는 주재료가 철판이다 보니 무겁고, 추위에 취
약했다. 갑옷 안에 내갑이라고 해서 두터운 솜옷을 받쳐 입지만, 체
감온도 영하 20~30도에 달하는, 칼바람이 부는 곳에서 철판을 온몸
에 두르고 있으면 체온 유지가 쉽지 않다.

　　강력한 추위에 철판을 엮은 가죽끈이 얼어 마찰에 끊어지는
사태가 발생해 해마다 가죽끈을 교체해야만 원형을 유지할 수 있었
다. 그래서 겨울에는 장교들이 가죽으로 만든 갑옷인 피갑皮甲으로
바꾸어 입는 경우가 많았다. 피갑은 방호력을 높이기 위해 삶지 않
은 돼지나 소, 노루 등의 생가죽으로 만들었는데, 추위에 가장 강한
것은 개가죽으로 만든 피갑이었다. 개가죽은 보온력이 뛰어나 행군

시 야전에서 간이 숙소를 지을 때 지휘관의 잠자리에 개가죽을 깔기도 했다. 심지어 개가죽으로 만든 배자와 버선에 토시의 일종인 토수吐手도 활용했다. 현실적으로도 소나 돼지는 워낙 가격이 비싸고, 산짐승의 가죽은 구하기 어려워 쉽게 구할 수 있는 개가죽을 사용한 것이다.

일반 보병은 종이로 만든 지갑紙甲을 선호했다. 일정한 두께 이상으로 만든 지갑은 보온력이 뛰어나 겨울에는 최고의 갑옷이었다. 재질이 종이니 무게도 가벼워 쉽게 활동할 수 있었다. 국경을 지키는 북방 지역의 군사가 입는 지갑은 무릎 아래까지 오도록 길게 만들어 추위를 견디도록 했다. 일반 군사들이 지갑을 선호한 본질적인 이유는 다름 아닌 비용 때문이다. 장교들은 국가에서 녹봉을 받아 생활하고 갑주나 무기 등을 지급받았지만, 군역을 위해 차출된 일반 군사는 갑옷을 직접 장만해야 했기에 만들기 쉽고 가격이 싼 지갑이 보편적이었다. 특히 조선시대 갑옷은 부대마다 색이 달랐다. 소위 오방五方 즉, 5가지 색을 입혀 소속 부대를 표시하는 경우가 많았는데, 지갑은 색을 입히기도 쉽고 오랫동안 색을 유지할 수 있어서 더욱 각광받았다.

종이로 만든 갑옷이라고 하면 방호력이 약할 것 같으나, 만드는 방법을 보면 그런 선입견은 완전히 사라진다. 지갑을 한 벌 만들

지갑은 조선시대 일반 병사들이 입었던 가장 보편적인 갑옷 중 하나다. 종이라는 재료의 특
성상 실물이 전해지지는 않지만 조선 후기 군사들이 훈련 시 입었던, 두꺼운 천연 직물로
만든 옷인 망수의를 통해 그 모습을 유추해볼 수 있다.

기 위해서는 한지 10근(약 4~5킬로그램)이 들어가는데, 송진 3되를 이용해 한지를 한 장씩 겹겹이 이어 붙이기에 철갑에 비하면 약하지만 웬만한 무기는 막아낼 수 있었다. 문제는 조선시대에는 종이 값이 너무 비싸서 지갑 만드는 비용도 상당한 부담이었다는 것이다. 그래서 비변사備邊司를 통해 과거 시험지 중 낙방자의 시험지를 모아 각 도의 감영이나 병영에 보내 지갑을 만들게 했다.

그런데 과거 낙방자의 시험지가 부족할 때에는 종이 도둑이 담장을 넘는 일이 종종 발생했다. 특히 공물로 지갑을 만들어야하는 군사들은 남의 집 귀한 서책이나 문서는 물론, 심지어 족보까지 훔쳤다. 그래서 종이 도둑이 사회문제로 비화되기도 했다. 이렇게 해서도 종이를 구하지 못하면 겉에는 종이 몇 겹을 대충 붙이고 속에는 말린 짚단을 잘게 잘라 넣어 두께를 부풀려 납품하기도 했다.

그런데 이런 불량 지갑은 방호력이 없기 때문에 실제 전투에서는 무용지물이다. 발각될 경우 곤장 세례와 함께 지갑 제작 비용의 몇 배에 달하는 벌금을 물어야 했다. 게다가 지갑은 겨울에는 보온 효과가 뛰어나지만 날이 따뜻해지면 좀이 슬어 부서지는 일이 많아서 해마다 봄이 되면 좀이 슬지 않도록 햇볕에 널어놓거나 표면에 송진을 발라야 했기에 관리하는 수고로움이 만만치 않았다.

호랑이보다 무서운
착호군

지금은 보기 힘들지만, 한때는 비디오테이프가 최고의 볼거리였다. 비디오테이프 시작 광고에 "옛날 어린이들은 호환, 마마, 전쟁 등이 가장 무서운 재앙이었으나……"라는 내용이 나왔던 것을 기억하는 사람도 있을 것이다. 여기서 첫 번째로 등장한 호환虎患은 호랑이에 물려가는 것이며, 마마는 지금은 사라진 질병인 천연두를 말한다. 지금이야 호랑이가 동물원에 갇혀 있지만, 과거에는 깊은 산중뿐 아니라 번화한 서울 한복판에 대낮에도 출몰해서 사람을 물어가기도 한 최고의 공포 대상이었다. 특히 눈이 쌓여 산중에 먹잇감이 부족해지는 겨울이 되면 호랑이의 출몰 소식이 더 잦았는데, 심지어 왕이 사는 궁궐까지도 호랑이가 나타나 왕의 시위군이 급히 출동하는 사례도 빈번했다.

따라서 호랑이에 대한 공포는 언제, 누구라도 물려갈 수 있는 일상적인 공포이기도 했다. 이런 호환을 막기 위해 조선시대에는 호랑이를 사냥하는 전문 부대를 만들었으니, 이들이 바로 착호군捉

虎軍이다. 착호군은 군사 중 특별히 용맹하고 무예 실력이 뛰어난 이들을 선발해서 정예군으로 훈련해 운영했다. 호랑이가 출몰했다는 소식이 전해지면 착호군은 '5분 대기조'처럼 바로 출동해 끝까지 추적해서 호랑이를 사냥했다. 그리고 돌아올 때는 늘 도성 한복판 대로를 위세 좋게 행진하듯 입성해서 백성들의 칭송을 한 몸에 받기도 했다.

무예 실력이 뛰어난 착호군은 왕이 도성을 벗어나 선왕의 능에 인사를 가는 원행길에 최측근 밀착 경호를 담당했다. 착호군에 뽑혀도 고참들과 창이나 활을 겨루어 통과해야만 정식으로 인정받았기에 그들의 자부심은 당대 최고였다. 조선 초기 40명으로 시작한 소규모 부대가 성종 대에는 440명 정도로 확대되면서 특권 의식도 상당해졌다. 착호군은 번직(근무)을 서는 날이 아닌 때에는 거리를 활보하며 호랑이를 맨손으로 때려잡는 특수부대라는 것을 으스대거나 술 한잔 먹고 행패 부리기 일쑤였다.

착호군의 위상이 하늘을 찌를 만큼 높아지자, 이를 악용한 사건도 발생했다. 대표적으로 풍채 좋은 한량들이 자신을 착호군이라고 속여 지방 관아의 군마를 빌려 호랑이 사냥을 나서는 일이 있었다. 조선시대에 군마를 빌리려면 병조판서의 허가를 받아야 했다. 이를 말 한마디로 해결했을 정도니, 그 위세가 짐작될 것이다.

또한 호랑이는 사람에게 쫓기면 주로 산속으로 도망가는데, 착호군은 주변 마을 사람들을 강제로 구렵군(몰이꾼)으로 동원할 권한이 있었기에 호랑이가 잡힐 때까지 며칠 동안 야영을 빙자하며 온갖 대접을 받는 사례도 자주 발생했다. 산속에 호랑이가 숨어 있는지 확인하는 가장 좋은 방법은 기르던 개를 산속에 묶어 놓고 기다리는 것이었기에 주변 마을의 개가 씨가 마를 정도였다.

이렇게 착호군의 위세가 높았던 본질적 이유는 무엇보다도 포상금 때문이었다. 일반 병사는 전투에 나가 공을 세우거나 고된 훈련을 이겨내고 모범이 되어야만 포상을 받을 수 있었기에 전투나 훈련이 없으면 포상은 꿈도 꾸지 못했다.

반면 착호군은 호랑이를 잡는 부대라, 호랑이를 잡는 것 자체가 전투였으며 훈련이었다. 도성에도 잦을 경우 한 달에 서너 번 호랑이가 출몰했기 때문에 착호군은 늘 비상대기 상태였다. 그만큼 포상을 받을 기회가 많았다. 특히 호랑이 사냥에서 몇 마리를 잡았는지 그리고 첫 번째 화살을 누가 맞혔는지를 구분해서 상당한 포상금을 지급했기에 착호군의 호주머니는 늘 두둑했다. 여기에 잡은 호랑이의 크기에 따라 포상금의 액수가 몇 배로 뛰어올랐기에 큰 호랑이를 잡은 착호군은 더욱 위세를 떨칠 수 있었다.

그런데도 호랑이는 끊임없이 출몰했기에 나라에서 특단의

대책을 마련하기도 했다. 호랑이를 잡아 바치는 노비는 신분을 평민으로 올려주고, 평민들의 경우는 평생 세금을 면제해주는 것이었다. 그래서 너도나도 호랑이를 사냥해서 한밑천 잡아보려고 했다. 착호는 조선시대 판 '로또'였던 것이다. 그러나 산중의 왕이라는 호랑이를 잡는 일은 용맹과 출중한 무예 실력이 있어야 가능했으니, 착호군을 능가하는 사람은 거의 없었다.

제**4**장.

칼로
쓰는
역사

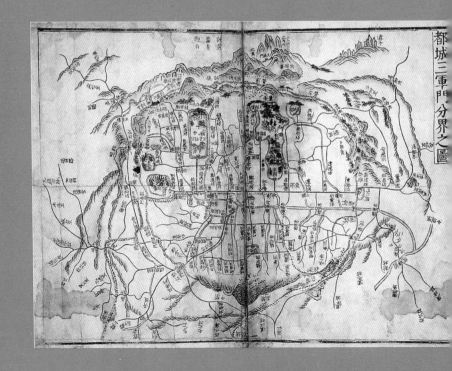

〈**도성삼군문분계지도**都城三軍門分界地圖〉, 성신여자대학교 박물관 소장

1751년에 제작된 한성 지도로, 영조가 도성의 수비에 관해 내린 윤음綸音과 절목節目 등을 기록한 책인『어제수성윤음御製守城綸音』에 수록되어 있다. 영조 집권 초기에 있었던 이인좌의 난(1728년) 이후 도성 방위와 왕권 강화의 필요성이 제기됨에 따라 수도 방위는 삼군문三軍門(훈련도감, 금위영, 어영청)을 중심으로 새롭게 구성되었다. 지도에서 보면 서울 동쪽은 대부분 어영청의 관할 구역이며 남서쪽은 금위영, 북서쪽은 훈련도감의 관할 구역이다. 지도 중간에 보이는 작은 점선이 구분선이며 흐릿하지만 훈련도감은 황색, 금위영은 청색, 어영청은 백색으로 구획을 표시했다. 이들이 익혔던 무예는 군영에 따라 조금씩 달랐다. 무예도 역사와 함께한다.

칼의 역사는
문명의 역사

칼은 인류의 가장 오래된 병기다. 고대부터 오늘날까지 칼은 전쟁의 현장에 그대로 남아 있다. 요즘도 백병전을 대비해 소총에 꽂는 대검을 비롯해 다양한 형태의 군도軍刀를 사용한다. 칼은 전투 본능을 표현하기 위한 가장 좋은 무기다. 따라서 칼의 역사를 읽어보면 단순한 전쟁의 역사를 넘어 삶의 역사를 되짚어 볼 수 있다.

칼은 나뭇가지에서 출발했다. 부러진 나무는 쉽게 다듬을 수 있기 때문에 빠르게 도구로 활용되었다. 이후 나무칼은 돌칼로 대체되었다. 자연적으로 부러진 돌의 뾰족한 부분을 그대로 활용하기 시작한 것으로 나무보다 내구력이 좋고 쉽게 구할 수 있었기에 상당히 오랫동안 이용되었다. 떼어낸 돌칼을 사용하다가 날카롭게 갈아낸 돌칼을 사용했다. 이때가 간석기라고 부르는 신석기시대다. 돌칼을 사용해 농작물을 수확하고 사냥과 전쟁을 하면서 인류는 좀 더 날카로운 무언가를 고민하게 되었다.

그때 발견한 것이 금속이다. 인간이 불을 피우기 시작하면서 처음으로 접한 금속은 구리였다. 비교적 낮은 온도에서 녹아 형태를 변형할 수 있었으며, 돌칼과는 차원이 다른 절삭력을 보여주었다. 구리의 활용은 인간을 금속의 세계로 이끌었다. 구리는 공기 중에서 쉽게 산화해 녹색으로 변했기에 청동靑銅이라 불렸다. 그래서 이 시기를 청동기시대라고 부른다.

이후 인간은 불을 좀더 능숙하게 다루기 시작했다. 자연적으로 얻은 철광석 뭉치를 두드려 작은 철 칼을 만들었다가 돌 틀을 이용해 용광로를 만들어 순간 온도를 1,500도 이상으로 올리면서 비로소 제대로 된 철을 만들게 되었다. 그때부터 누가 철 칼을 가지고 있느냐에 따라 전투의 승패가 달라지는 시대가 되었다. 철광석 산지를 쟁탈하기 위한 전쟁도 종종 벌어졌는데, 고구려의 대북방 확장 전투나 부족 연맹체였던 가야의 이합집산과 파멸에 직결된 문제기도 하다. 그렇게 철기시대가 열렸다. 이제는 누가 더 부드러우면서도 강한 칼을 빠르게 많이 만들 수 있느냐에 따라 패권이 변화하기 시작했다. 그렇게 철 칼을 만들면서 소위 말하는 고대국가가 정착하게 되었다.

고대의 칼은 앞이 뾰족하고 양날을 사용하는 검劍의 형태가 주를 이뤘다. 석검이나 청동검 역시 그러한 형태다. 강하게 부딪히

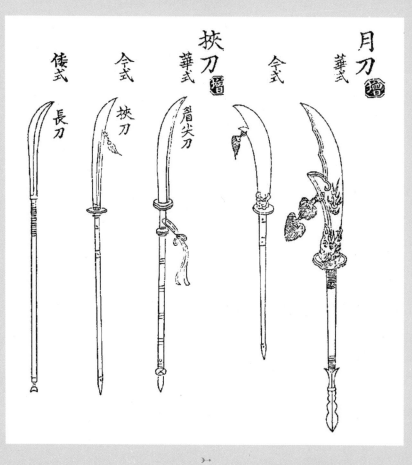

『무예도보통지』에 실린 자루가 긴 칼인 협도와 월도의 모습. 신체가 장대하고 힘이 좋은 사람은 월도나 협도 같은 무거운 무기를 사용하면 그 위력이 배가 된다. 월도와 협도는 형태는 비슷하지만 쓰임새는 전혀 다르다. 무기의 변화는 시대의 변화, 몸의 변화와 맞물려 있다.

는 것보다 찌르는 것에 주안점을 둔 것이다. 철검의 등장과 함께 비로소 칼과 칼이 맞부딪치는 불꽃 튀는 전투가 벌어졌다. 그러면서 외날 형태의 도刀가 전투에 등장했다. 도는 외날에 충격력을 집중시켜 칼날의 내구력을 확보할 수 있었기 때문에 전투에 더욱 위력적이었다.

금속의 성분을 분석하고, 철에 들어가는 탄소의 함량을 조절하게 되면서 휘어지는 도를 만들 수 있게 되었다. 웬만한 충격에 쉽게 부러지지 않는 철제 도가 나오면서 찌르기보다 단번에 베는 기법이 전투에 활용되었다. 말을 달리며 적을 공격하는 기병은 순간 절삭력을 높이기 위해 더 크게 휘어지는 칼을 요구했고, 그렇게 곡도가 전장에 자리 잡게 되었다.

야금술治金術의 발달을 통해 칼은 좀더 날카로워졌으며, 칼날을 감싸는 칼집에까지 신경을 쓰게 되었다. 또한 전장에서 보다 실용적으로 활용할 수 있도록 다양한 패용 방식으로 분화하기도 했다. 일본은 칼을 뒤집어 허리띠에 꽂는 형태로 발전한 반면 우리나라에서는 칼집에 회전식 고리인 띠돈을 달아 허리띠에 차는 방식을 사용했다.

이렇듯 칼은 인류 문화 발전의 산물이며, 그 나라의 문화를 담고 있다. 칼의 역사를 가만히 들여다보면 인류의 역동적인 개척

의지를 엿볼 수 있다. 무엇인가를 지키고 정복하기 위한 인류의 역사, 그 시작과 끝에 칼이 있다. 언젠가 영화 〈스타워즈〉에 등장하는 광선검이 나오면 인류는 또 한 번 진화를 거듭할지도 모른다.

우리 무예의 역사

　　　　　　　　　　　　　　무예는 늘 우리 민족의 역사 중
심에 있었다. 반만년의 역사는 곧 전쟁의 역사기도 했기에, 무예는
항시 준비해야할 기본 덕목을 넘어 생존을 위한 필수 요소였다. 이
런 이유로 고대부터 국가에서 각종 무예에 관한 전문 교육기관을
설치하고 인재를 양성했다. 고려시대에는 무신정권武臣政權이 들어
설 정도로 무인이 국정에 막대한 영향력을 발휘하기도 했다.

　　조선시대에는 과거를 통해 공식적으로 무관을 배출해내기 시
작하면서 무예 수련의 체계화를 이루어냈다. 대표적으로 각종 병법
서를 편찬해 무예 수련의 표준화와 안정화를 꾀했다. 이를 무과 시
험 심사를 위한 객관적 기준으로 삼았으며, 더 나아가 지속적이고
반복적인 수련을 통해 무예를 전문화 단계까지 끌어올렸다.

　　조선시대에 편찬된 무예서 중 가장 오래된 것은 임진왜란 중
에 만들어진 『무예제보武藝諸譜』(1598년)다. 『무예제보』는 전란을 빠
르게 해결하기 위해 편찬된 것으로, 명나라의 군사 무예인 곤방 ·

등패 · 장창 · 당파 · 낭선 · 쌍수도 등 6가지 무예를 실제 훈련법까지 세심하게 담아냈다. 이후 맨손 무예인 권법을 위한 전문서『권보拳譜』(1604년)와『무예제보』에서 빠진 군사 무예를 보완하기 위해 광해군 대에『무예제보번역속집武藝諸譜飜譯續集』(1610년)이 편찬되었다. 그리고 영조 대 사도세자가 대리청정하던 때에 보병 무예를 중심으로 18가지 무예를 담은『무예신보武藝新譜』(1759년)가 간행되었다. 1790년 4월에 조선 후기 최고의 성군으로 불린 정조의 명으로『무예도보통지』가 완성되었다. 정조는『무예도보통지』를 통해 아버지 사도세자가 남긴 18가지의 무예에 기병이 수련해야 할 마상무예 6가지를 더해 총 24가지 군사 무예를 정립했다.『무예도보통지』에 수록된 것을 '무예24기'라고 부르며, 조선을 지켰던 국기國技라고 할 수 있다.

『무예도보통지』는 우리의 전통 군사 무예뿐만 아니라 중국과 일본의 무예까지 조선화시켜서 정리한 책이다. 중국색이나 왜색이라고 거부한 것이 아니라, 나라와 백성을 지키기 위해 무엇이든 배워 '우리 것'으로 수용한 문화 통합의 병서기도 하다. 실사구시實事求是, 이용후생利用厚生으로 대표되는 '실학의 정신'이 담겨 있는 것이다. 처자식은 굶어 죽을 판인데 처마 밑에서 사서삼경이나 외는 갓끈 떨어진 양반 정신이 아니라, 한국전쟁의 피란살이를 넘고 산

업화 과정에서 묵묵히 세상을 보듬어 안은 '어머니의 정신'이 담겨 있는 병서다.

특히 『무예도보통지』는 중국과 일본에서 수용한 군사 무예의 연원을 명확하게 밝히고 조선과의 차이를 글과 그림으로 설명해 놓았다. 요즘으로 치면 동영상처럼 보고 익힐 수 있도록 작은 그림을 연결지어 그려 넣어 움직임을 쉽게 이해하도록 하거나, 지도 제작에서 사용하는 백리척百里尺을 활용해 그림의 크기나 상대와의 거리를 쉽게 알아볼 수 있도록 하는 등 독창적인 방법으로 무예를 설명했다. 무예서의 마지막 부분에는 한문을 읽지 못하는 낮은 계층의 군사를 위해 한글본을 따로 붙여 모든 군사가 익힐 수 있도록 했다.

한국 무예의 전통은 무예24기의 핵심에 그대로 녹아들어 있다. 무예24기는 단순히 전투 기술로 그치는 것이 아니라, 우리 몸 문화의 정수가 들어 있으며, 창조적이고 활달한 우리 민족의 기상이 담겨 있다. 또한 다른 무예 문화와의 통합이라는 전제가 깔려 있다. 다문화 시대, 우리 정체성의 확인과 민족 통합을 바탕으로 한 세계화를 위해 무엇이 진정한 살길인지 진지하게 고민해야 한다. 무예는 지금도 우리에게 많은 질문을 던져주고 있다.

무과를
통해 보는 조선

무과 시험은 문과 시험과 함께 조선의 핵심 관료 시험이었다. 양반兩班은 말 그대로 2가지 반班을 말하는 것으로 문인인 문반文班과 무인인 무반武班 혹은 동반東班과 서반西班을 말하는 것이다. 이중 무과 시험을 살펴보면 조선이라는 사회가 어떻게 유지되었는지 좀더 명확하게 이해할 수 있다.

무과는 처음에는 6가지 무예 시험과 이론 시험인 강서講書등 모두 7가지를 시험 보았다. 목전(끝이 뭉뚝한 나무 화살 쏘기), 철전(두껍고 무거운 뭉뚝한 쇠 화살 쏘기), 편전(짧은 애기살 쏘기), 기사(마상 궁술), 기창(마상 창술), 격구 등이다. 목전과 철전은 과락제로, 3발을 쏘아 1발 이상 맞추어야 다음 과목을 볼 수 있었다. 목표물을 정확히 맞추었나보다 화살을 얼마나 멀리 보낼 수 있느냐에 따라 점수를 주었다. 무과 실기 시험의 절반 이상이 활쏘기니, 조선을 활의 나라라고 불러도 좋을 것이다. 상위 시험은 마상무예가 핵심이었기에 기병의 나라라고 이해해도 좋다.

이론 시험인 강서는 사서오경 중 1권, 무경칠서武經七書(병법에 관한 책 7권, 즉 『육도』·『손자』·『오자』·『사마법』·『삼략』·『울요자』·『이위공문대』) 중 1권, 『자치통감資治通鑑』·『역대병요歷代兵要』·『장감박의將鑑博議』·『무경武經』·『소학小學』 중 1권을 선택해서 보았으며, 『경국대전經國大典』을 보면서 강론했다. 강서에는 전술과 연관된 것도 있지만 유학적 지식을 요구하는 문제가 많았다. 무관이라고 해도 유학 지식을 겸비한 관료로 인식했기 때문이다. 이와 같은 유학적 소양은 조선이라는 국가 시스템을 유지하기 위한 강력하고 효과적인 요소였다.

임진왜란이라는 전대미문의 전쟁이 발발하면서 무과 시험 내용도 변화했다. 이론 시험인 강서는 비교적 크게 변하지 않은 반면, 실기 시험은 실전성을 강조하는 쪽으로 크게 변했다. 대표적으로 조총이 추가되었으며, 기병의 돌격 전법을 갖추기 위해 편추鞭芻라는, 말을 타고 쇠도리깨를 휘두르는 마상편곤馬上鞭棍이 추가되었다. 활쏘기 시험에는 관혁·유엽전 등이 추가되어 정확도를 중시하는 쪽으로 시험이 재편되었다. 기사騎射는 원형 과녁을 사람 모양의 짚 인형 추인芻人으로 바꾸어 실전성을 강화했다. 이것은 말을 타고 짚 인형을 쏜다고 해서 기추騎芻라고 불렀다.

임진왜란 이후 중국에서 도입된 월도나 일본에서 들어온 왜

국립중앙박물관 소장

17세기 후반에 그려진 〈북새선은도〉의 일부로, 함경도 길주에서 실시한 별시무과 장면을 묘사한 그림이다. 변방 지역 사람들을 위로하고 그곳의 실정을 파악하기 위해 지방에서 과거를 치르기도 했다. 〈북새선은도〉는 왕에게 과거 시험을 보고하기 위해 그린 기록화로, 시험장의 형태와 시험 과정이 잘 묘사되어 있다. 가운데 사람은 말을 타고 달리며 짚 인형인 추인을 쏘고 있으며, 추인 뒤쪽에는 시관試官들이 서서 깃발과 악기로 적중 여부를 감독관에게 알리고 있다.

검 등도 연마되어, 무과의 정식 과목으로 채택되지는 않았지만 무과 시험에 합격한 후 군영에 배치되면 관무재觀武才를 비롯한 각종 승진 시험에서 적극 활용되기도 했다.

영조 대에 편찬한 『속대전續大典』을 보면 무예 시험 내용이 11가지로 정비되었다. 보통 무과 시험은 식년시式年試라고 해서 3년에 1번 보았는데, 이때는 모든 무예를 시험 보는 것이 일반적이었지만, 특별 시험인 별시에서는 목전, 철전, 편전, 관혁, 유엽전이나 기사나 기추 정도로 간략하게 치르기도 했다. 조선 후기에는 왕자의 탄생이나 왕실 어른의 생일 등 다양한 이유로 식년시보다 별시가 자주 행해지기도 해서 정치적인 입김이 작용하기도 했다.

조선시대에 무관이 되기 위해서는 유교적 소양은 기본으로 갖추어야 하며 활쏘기를 익혀야 장원급제를 할 수 있었다. 활쏘기는 전투 현장에서 활용한 무예기도 했지만, 육예六藝라는, 선비들이 익혀야할 6가지 기예인 예禮·악樂·사射·어御·서書·수數 중 하나로, 유학적 소양으로 간주되기도 했다.

무과 실기 시험은 말타기를 기본으로 궁술과 창술을 보았다. 이는 경제력을 평가하는 수단이기도 했다. 조선시대 법전을 살펴보면, 양인 이상이면 국가에서 정한 결격사유가 없는 한 누구나 시험에 응시할 수 있었다. 문과의 경우 글공부를 오래 해야 문장을 지을 수 있었기에 주로 양반이 응시한 반면, 무과는 시험 방식상 약간의 글공부와 뛰어난 무예 실력이 있으면 누구나 한 번쯤 장원급제를 꿈꾸어볼 수 있었다. 그러나 당장 먹고살기 힘든 백성들이 말을 타고 훈련하는 것은 현실적으로 어려웠다. 지금도 승마는 상당한 비용이 드는 스포츠다. 무과 시험의 핵심이 많은 비용이 드는 마상무예인 만큼 경제력이 있는 계층에게 유리했을 것이다. 예나 지금이나 개천에서 용 나기는 힘들다.

전통적이며 보편적인 무예,
마상무예

지구상에는 수많은 무예가 존재해왔고, 지금도 새롭게 만들어지고 있다. 인류 역사에서 변하지 않는 단 한 가지 무예가 있다면 바로 인간과 말이 함께 호흡하며 펼치는 마상무예다. 전장에서 화약 무기가 판을 치기 전까지 마상무예는 기병의 필수 요소였으며, 최고의 전투 무예였다.

무예의 기본이 되는 맨손 무예는 '초학입예지문初學入藝之門'이라 해서 몸만들기와 기본 격투술을 연마했다. 맨손 무예를 익히면서 신체 활동 영역을 넓히고, 무기를 사용할 만큼의 근력과 담력을 갖추는 것이 목표였다. 맨손 무예의 차이는 기본적으로 보법步法, 즉 걸음걸이의 변화에서 나온다. 예를 들면 대한민국을 대표하는 무예인 태권도와 중요무형문화재로 지정되어 전수되고 있는 택견의 차이가 바로 걸음걸이다. 태권도의 기본 품새는 주춤서기를 중심으로 앞굽이나 뒷굽이 등의 형태로 걸음걸이가 만들어진다. 택견은 '능청 굼실'이라는 독특한 형태의 품밟기로 자세가 연결된다. 이는 대런 혹은 맞대거리에서도 확연하게 나타난다. 두 가지 무예 모두 화려한 발 기술을 중심으로 구성되지만, 걸음에서 차이가 나기에 서로 다른 무예로 보는 것이다.

만약 택견에서 품밟기가 사라지고, 태권도에서 주춤서기나 앞·뒷굽이가 사라지면 또 다른 무예로 전환된다. 반대로 누군가 새로운 무예를 창시한다고 품밟기를 하며 발 기술을 만든다면 그것은 택견의 아류일 뿐이다. 좀더 세밀하게 들어가보면, 발을 움직일 때 발바닥의 앞축이 먼저 닿느냐, 뒤축이 먼저 닿느냐에 따라서도 무예가 구분된다. 이러한 차이는 춤도 마찬가지인데, 박자에 따라 달라지는 춤 역시 걸음 즉, 스텝에 따라 변화한다.

마상무예는 인간이 말 위에 앉아 펼치는 무예다. 말을 타고 달리며 활을 쏘거나 창이나 칼을 휘두르는 것으로, 마상무예에서는 인간 대신 말이 걷는다. 말의 걸음은 일반적인 걸음인 평보, 조금 빨리 걷는 속보, 달리는 구보, 최고 속도로 달리는 습보로 크게 구분된다. 이러한 말의 걸음은 말의 크기나 종류에 관계없이 거의 비슷하다. 따라서 개마갑주로 완전무장한 고구려 기병의 마상무예나 풀 플레이트full plate를 착용한 서양 기병의 무예는 거의 유사하다. 말안장 위에 앉아서 달려가며 병기를 전후좌우로 휘두르는 모습에는 거의 차이가 없다.

말을 달리며 활을 쏘는 기사를 직접 시연하고 있는 모습. 쫓아오는 적을 향해 뒤를 돌아보며 활을 쏘는 일명 '파르티안 샷parthian shot'이라는 배사背射 형태다.

특히 말을 달리며 활을 쏘는 기사騎射는 동서양, 과거와 현대 형태가 거의 동일하다. 이런 특징 때문에 나는 마상무예를 '화석화 된 무예'라고 부른다. 동양이나 서양이나 최고의 마상무예 실력자 는 말과 함께 호흡을 맞추는 인마일체人馬一體의 모습으로 그려진다.

마상무예는 전 세계가 함께 공유하고 즐길 수 있는 스포츠로 발전할 가능성이 높다. 승마는 이미 전 세계에서 최고의 스포츠로 자리 잡았다. 마상무예를 통해서 인류가 함께 즐기고 경쟁할 수 있 는 소통의 공간이 만들어질 수 있다. 야구나 축구처럼 특별한 룰이 필요하지도 않으며, 달리면서 관혁貫革에 몇 개의 화살을 맞추었는 지나 몇 개의 표적물을 베어냈는지에 따라 점수를 주는 것으로 승 부를 가를 수도 있다. 마상무예를 모르는 사람도 경기를 즐길 수 있 다는 장점이 있다. 한 번 보아도 움직임만으로 이해할 수 있는 단순 하면서도 명쾌한 종목이다. 말과 함께 쏜살같이 달리며 펼치기에 박진감은 두말할 나위가 없다. 마상무예는 한 개인이나 국가의 전 유물도 아니며, 민족마다 전통이 있기에 이를 바탕으로 다양성을 풀어낸다면 올림픽을 능가하는 세계인의 축제가 만들어질 수 있을 것이다.

무예로
조선을 개혁하다

　　　　　　　　　　　　18세기 조선 사회를 말할 때 정
조의 개혁 정치는 늘 화두의 대상이다. 특히 규장각을 통한 인재 양
성과 문예 부흥은 당대를 이해하는 데 필수적인 요소다. 그러나 정
조 개혁 정치의 핵심은 강력한 군권 장악과 새로운 국정 운영 철학
에 있다. 이는 생부인 사도세자를 뒤주에 갇혀 죽게 만들 정도로 강
력한 정치력을 형성한 노론老論이 중앙 군영의 요직과 밀접한 연관
이 있었기 때문이다. 대표적으로 수원 화성을 방어했던 장용영으로
중앙 군영을 통제하기 위해서는 기존 정치권력의 핵심인 집권 사대
부의 해체와 새로운 인재 양성이 필수적이었던 것이다. 정조의 개
혁 정치를 위한 독특한 무武 중심의 국정 운영 철학을 요약해서 살
펴보면 다음과 같다.
　　　　정조가 즉위 초반부터 제기한 성리학(경학)에 대한 비판과 문
무겸전론의 설파는 당시 기득권층인 노론을 압박하기 충분했고, 국
정 장악을 위한 새로운 정책 방향이 되었다. 무 중심의 문무겸전론

은 당파에 치우쳐 있던 문신을 압박하는 좋은 수단이 되었다. 정조 이전의 문무겸전론은 군사를 지휘하는 장수에게 유학적 교양을 요구하는 논리였으나, 정조 대의 문무겸전론은 문신들에게도 직접적으로 적용되었을 뿐만 아니라 이전과는 다른 의미로 해석된다.

정조의 독특한 문무겸전론은 일반적으로 알려진 무인이나 장수에게 요구된 유학적 교양으로서 문무 병립이라기보다, 그동안 천시되었던 무에 대한 새로운 인식을 끌어내 국정 운영의 철학으로 발전시킨 것이라 보아야 한다. 따라서 정조가 제기한 문무겸전론의 핵심에는 문무 병용보다 무적武的 기풍 확산을 통한 국정 쇄신이라는 의미가 있었다. 정조의 행보를 보면 '문예 군주'라기보다 '무예 군주'라는 표현이 적절해 보인다.

대표적으로 『대전통편大典通編』은 법전이지만 이전의 법제 정비 사업과는 다르게 병전을 중심으로 법제를 변화시킴으로써 무의 중요성을 환기시켰다. 이후 연달아 편찬한 병서인 『병학통兵學通』과 『무예도보통지』로 이른바 정조 대의 '삼통三通'이 완성되었다. 삼통은 정조 대 무와 관련된 법제, 진법, 군사 무예의 표준화와 광역화를 위한 초석이 되었으며, 이를 통해 무 중심의 문무겸전론 설파가 가능해졌다.

이와 함께 이순신과 임경업林慶業, 김덕령金德齡 등 대대적인 무

수원 화성의 서쪽 문인 화서문華西門과 방어 시설인 서북공심돈西北空心墩의 모습. 문 앞에는 둥근 옹성을 설치해 방어력을 높였으며, 공심돈의 여러 층 구멍에는 화포를 설치했다. 화성의 이런 군사적 특징은 정조가 내세운 '무' 중심 문무겸전론의 단면을 잘 보여준다.

장 숭모崇慕 사업을 국가적으로 진행하는 등 무의 중요성을 각인하는 작업이 이루어져 정조의 국정 운영 철학은 더욱 보편화되었다. 장용영의 초대 대장은 충무공 이순신의 직계 후손인 덕수 이씨 이한풍李漢豊으로 낙점했으며 이순신의 업적에 대한 재평가와 문집 간행을 대대적으로 추진했다.

정조가 쉼 없이 실천하고자 했던 개혁의 핵심에는 무 중심의 문무겸전론이 있었으며, 이를 바탕으로 기득권 세력을 통제하려고 했다. 그리고 이를 널리 알리기 위해 지속적으로 간행한 병서가 주요한 역할을 담당했다고 판단한다. 병서 간행은 무반뿐만 아니라 하급 군사들에게까지 실질적인 변화를 도모할 수 있는 것이었기 때문에 파급효과가 지대했을 것이다. 더 나아가 왕권 강화와 실천을 추구했던 '국가재조론國家再造論'의 실질적인 방안으로서도 병서 간행은 핵심 사업이었다.

현재까지 정조의 사상에 대한 연구는 문적인 부분에 치우친 경향이 있다. 대표적으로 규장각을 중심으로 진행되었던 '문예 군주'로서 정조의 모습에 대해서는 상당히 많은 연구물이 나오고 있다. 그러나 정조가 추구했던 개혁 정치를 실질적으로 수행하기 위해서는 오히려 무적인 측면이 더 중요한 요소였다. 아버지 사도제자의 억울한 죽음과 왕이 된 후에도 끊임없이 목숨의 위협을 느껴야 했던 정조에게 그만의 독특한 문무겸전론은 새로운 조선을 꿈꾸게 한 정치철학이었던 것이다. 국가를 운영하는 정치인은 예나 지금이나 당대의 현실을 정확하게 집어내야만 발전적인 대안을 만들어낼 수 있다.

활을 당기며
때를 기다리다

깍지角指라는 것이 있다. 문자 그
대로 '손가락에 끼는 뿔'인데, 전통 활을 쏠 때 반드시 필요한 도구
다. 전통시대 깍지 낀 손은 무인의 상징이자 자존심이었다. 조선시
대 왕 중에서 활에 가장 애착을 보인 사람은 바로 정조다. 정조는 틈
만 나면 어사대御射臺에 올라 커다란 곰 얼굴인 웅후熊侯를 향해 화살
을 날렸다.

10세에 사도세자가 억울하게 뒤주에 갇혀 죽임을 당했던 모
습을 지켜보아야 했던 정조는 '죄인의 아들은 왕이 될 수 없다'는
신하들의 논리를 넘어서야 했다. 그래서 할아버지인 영조는 호적을
정리해 정조를 이미 수년 전에 죽은 효장세자의 아들로 입적시켰
다. 정조는 성인이 되어 왕이 된 후에도 여전히 권력 기반을 갖추지
못해 힘겨운 세월을 보내야 했다. 오랜 세월 쌓인 한을 활로 풀어낸
것이다.

화살을 끼우고 시위를 팽팽하게 가득 당긴 활을 만작滿酌이라

고 부른다. 말 그대로 잔에 가득 채운 술이 흔들리지 않도록 굳건하게 목표를 겨누어야만 원하는 곳에 화살을 적중시킬 수 있다. 그러기 위해서는 우선 흔들림 없이 참을 수 있어야 한다. 손가락이 떨어져 나갈 정도의 고통을 넘고, 숨이 차올라 더는 버틸 수 없는 지경을 느껴야 비로소 멀리 있는 과녁이 선명해진다. 정조의 활쏘기에는 그런 쓰디쓴 인내가 담겨 있다.

그렇게 지극한 마음을 화살에 담아 보내니 어찌 명궁이 안 될 수 있었겠는가. 정조의 실력은 화살 50발 중에서 단 1발만 빗나가는 49중의 실력이었다고 한다. 국궁에서는 화살 5개를 한 순巡이라고 한다. 한 순을 쏘고, 조금 기다렸다가 다시 한 순을 쏘는 방식이다. 정조가 못 맞춘 화살 1발은 겸양을 알리기 위한 미덕이었다고 하니, 가히 하늘이 내린 신궁이라고 할 수 있다. 나도 10년 넘게 활을 즐겨 쏘아왔지만, 정조의 실력은 감히 범접하지 못하는 경지로 보인다.

깍지는 정조에게도 무武의 상징이자, 군권을 통제하는 수단이었다. 1777년 새로운 통치 전략과 비전을 논하는 자리에서 정조는 모든 신하에게 매일 깍지를 끼고 생활하도록 명령했다. 심지어 태어나 단 한 번도 활을 잡아보지 않았던 문관들에게도 예외가 없었다. 특히 선현의 일화 중 깍지를 하도 오래 끼고 생활해서 깍지가 엄지손가락에 완전히 붙어버린 이야기를 하며 그것이 진정한 신하 된 자의 도리라고 열변을 토했다.

하교하기를, "옛날 우리 효묘께서 여러 장신들을 경계시키기를 '내가 조대수를 보니 항상 엄지손가락에 고리環를 끼고 있었으므 로 고리와 살이 서로 합쳐져 흔적이 없었다' 하고, 이어서 '주야 로 항상 끼고 있을 것이니 감히 빼놓는 일이 없도록 하라'고 명하 였다. 숙묘조께서도 이 하교를 송독하시면서 거듭 여러 장신들을 경계시켰는데, 이는 『보감』과 『비고』 등 여러 책에 밝게 기재되 어 있다. 열조 때부터 무사들을 시열할 때 차고 있던 패결을 신명 해 병판부터 문무 장신에 이르기까지 반드시 모두 항상 각지角指 를 낌으로써 솔선수범하는 방도로 삼으라."

● 『정조실록』, 정조 1년 5월 16일.

教曰: "昔我孝廟戒諸將臣曰: '予見祖大壽, 常着環於母指, 環肉相 合無痕.' 仍命: '晝夜常着, 無敢解去.' 肅廟朝誦此敎, 申戒諸將臣, 此昭載於 『寶鑑』, 『備攷』諸書, 而自列祖凡於試閱武士之時, 所御 貝決之流傳者, 至今遵用, 從今申明舊例, 自兵判至文武將臣, 必皆 常着角指, 以爲先率之地.

언제든지 활을 잡고 화살을 쏠 수 있는 자세, 그것이 거대한 청나라 옆에서 조선을 자주국으로 지켜낼 유일한 방도였다. 정조는 강력한 군권 강화를 위해 즉위하자마자 갑옷을 입은 장수는 왕 앞에서도 절을 하지 않아도 된다는 명령을 내려 장수의 품격을 높여주기도 했다. 갑옷을 입은 장수가 무릎을 꿇는다는 것은 전쟁의 패배를 의미하는 것으로, 신하된 자의 도리보다 장수로서 국가를 지키는 것을 먼저 생각하게 한 것이다.

18세기 조선의 문예 부흥을 일구었던 정조의 첫 번째 정치 전략은 강력한 군권 확보와 군사력 확충이었다. 정조는 활을 당기며 때를 기다렸다. 화살을 명중시키기 위해서는 가득 당긴 활을 잡고 미동도 없이 바람을 읽고 정세를 읽어야 한다. 손가락이 아프다고 조금 당겨 놓아버리거나, 숨을 고르지도 못하고 헐레벌떡 화살을 보내면 결코 화살을 원하는 곳으로 보낼 수 없다. 간절히 원하고 바라는 것이 있다면 먼저 인내하고 뚝심 있게 밀고 나가야 한다. 그 과정에서 멀리 보이던 목표는 조금씩 선명해질 것이고, 종국에는 내 코앞에 있는 것처럼 가깝게 느껴질 것이다.

무사도라는
환상

　　　　　　　　일본은 어떤 나라인가? 일본 국민의 머릿속을 채우고 있는 '무武'와 '무사武士'는 어떤 빛깔이며 어떤 성격인가? 일본은 왜 자위대의 힘을 키우려 하는가? 이런 다양한 질문에 답을 얻기 위한 가장 쉬운 방법은 아마도 책 읽기일 것이다. 그중에서도 일본 전통시대의 근간을 이루는 무사 집단에 대해 니토베 이나조新渡戶稻造가 쓴 『무사도』(1899년)는 일본의 무武와 전쟁에 대한 개념을 이해하는 데 도움을 준다.

　　　　니토베는 한때 일본 5,000엔 지폐에 실렸을 정도로 일본 최고의 지식인으로 추앙받는 인물이다. 일본 식민학의 시조로 여겨질 만큼 조선 멸시와 침략 야욕을 노골적으로 드러낸 인물이기도 하다. 그의 일생을 살펴보면 왜 『무사도』라는 책을 썼는지 이해될 것이다.

　　　　니토베는 『무사도』를 통해 일본의 무사도 정신을 일본의 고귀한 정신적 산물로 승화시키려 했다. 일종의 '만들어진 역사'다.

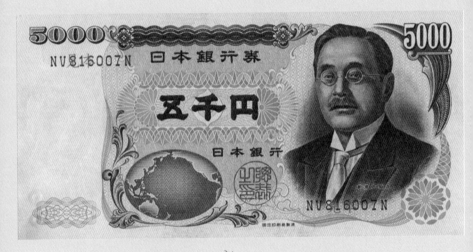

일본 5,000엔 지폐에 실린 니토베의 초상화. 니토베는 『무사도』로 서양에 일본 무사와 일본 무예에 관해 환상적인 이미지를 각인시켰다. 그가 만들어낸 일본의 무사와 무사도 정신은 일종의 '만들어진 역사'였지만, 일본에 대해 잘 모르던 서양인들에게는 제대로 먹혀들었다.

그래서 무사도가 어디에서 출발했고, 현재 일본인들에게 무사도가 어떤 의미로 받아들여지고 있는지 자세하게 설명하고 있다. 무사가 국가나 주군에게 바치는 충의와 복종을 지상 최고의 과제로 삼아 그것을 명예라는 이름으로 재탄생시킨 것이나 불명예를 씻기 위한 자살 방법인 할복을 예술적 단계까지 끌어올린 것이 대표적이다. 특히 무사에게 칼刀이 갖는 의미를 극대화해 말 그대로 칼 하나로 일본 무사의 모든 것을 설명할 정도로 이 책은 일본인의 무에 대한 생각을 이상적으로 풀어내고 있다. 심지어 책을 몇 번 심도 있게 읽어보면 나도 모르게 그 논리에 푹 빠져 일본 무사도에 대한 동경과 환상이 자리 잡을 정도로 무서우리만큼 논리적이다.

　이 책에서 일본 무사도를 설명하는 방식은 무척이나 합리적으로 보인다. 서양의 비슷한 사고방식과 교묘히 비교 혹은 가치 전환시키는 논리 전개를 사용해 서양의 독자들을 매료시켰다. 종국에는 무사도를 일본 무사가 가졌던 삶의 과업 자체며, 어느 누구에게도 간섭이나 상처받지 않아야 할 고귀한 가치로 끌어올렸다. 또 다른 오리엔탈리즘의 탄생이기도 하다. 이런 가치판단의 흐름은 제2차 세계대전 시 일본의 자살 폭격인 가미카제의 정신적 주춧돌이 되었다. 당시 일본을 상대하던 미국인들은 국가를 위해 자신의 몸을 망설임 없이 던지는 일본 조종사들의 모습에 경악을 금치 못했으며,

그들을 이해하기 위해 이 책을 탐독하기도 했다. 이 책은 미국에서 영어로 처음 출판되었다. 책 제목은 『무사도: 일본의 영혼Bushido: The Soul of Japan』이다.

『무사도』는 일본의 무사도를 추앙하기 위해 쓴 책이다. 니토베가 서양에 잘 알려지지 않은 일본의 무사도를 일본만의 고귀한 정신적 산물로 승화시키려 한 것인데도, 서양인들은 일본의 '사무라이'에 대한 환상에 깊이 사로잡히게 되었다. 결국 일본은 독특한 무사의 나라며, 무사 전통이 이어져 제2차 세계대전을 일으킬 정도의 강력한 군사력을 가진 나라라라고 생각하게 되었다.

이런 이유로 〈라스트 사무라이〉 같은 서양 영화 속에서 일본 무사는 추앙받는 인물로 나오고, 무사도는 서양인이 흉내 낼 수 없는 일본의 고귀한 산물로 표현된다. 특히 저자인 니토베가 근대 일본을 이끈 지식인으로 존경받기 때문에 오늘날 대중도 그가 이야기한 무사도를 사실로 받아들이는 분위기다. 우리나라에도 일본의 무사도 정신에 대한 막연한 환상이 있을 정도다.

한국 전통의 무인 혹은 무사 상像은 일제강점기를 거치면서 역사의 뒤안길로 사라져버렸다. 우리는 전통시대 무인의 정신과 삶을 세계에 알리기 위해 어떤 작업을 해왔는지 반성해볼 필요가 있다. 벚꽃과 칼 그리고 무사도 정신은 이미 일본을 대표하는 문화 상징체계다. 『무사도』에는 일본 무사의 고귀한 미학이 너무나 아름답게 포장되어 있다. 그러나 그 뒷면에는 잔인하고, 살벌한 피 냄새가 함께 있다는 것을 기억해야 할 것이다.

무예에 담긴
'다이나믹 코리아'

외국인들이 한국에 대한 소개로
가장 많이 들었을 말은 'Morning Calm', '고요한 아침의 나라'다.
그다음은 세계 유일의 분단국가라는 말이다. 우리가 내세우고 싶은
이미지는 아니어도, 어쩔 수 없이 그들의 눈에 보이는 한국의 첫인
상은 이런 것이다. 2002년 월드컵을 계기로 부정적인 국가 이미지
를 쇄신하기 위해 '다이나믹 코리아Dynamic Korea'를 표어로 선정하
고 역동적인 한국의 이미지를 만들기 위해 노력했다. 국가 브랜드
화라는 세계적 흐름에 뒤지지 않기 위해 정부가 주도한 것이다. 그
러나 아직까지도 한국의 이미지는 애매하다.

대부분의 외국인은 인천공항에 들어서는 순간 한국에 관한
이미지를 접하게 되는데, 무형 문화에 관한 것은 대부분 부채춤을
추는 모습이나 선비의 한량무, 혹은 풍물놀이 등이다. 물론 여기서
도 역동적인 한국의 모습을 찾을 수 있지만, 진정으로 역동적인 한
국의 모습은 우리가 그동안 도외시해온 무예 속에 담겨 있지 않나

싶다. 반만년 한국 역사 속에서 몸을 통해서 완성된 한국 무예는 긴 생명력과 역동성을 지니고 있으며, 진정한 '다이나믹 코리아'의 정수가 담겨 있다.

특히 무예는 관객과 공연자로 구분된 일방적인 보여주기를 넘어 직접 수련하면서 강렬한 기억을 만들어낼 수 있기에 더욱 중요한 소재다. 무예는 머리가 아니라 고된 수련을 통해 땀을 흘려가며 익히는 몸 문화기 때문이다. 이런 몸에 대한 기억은 마치 자전거 타는 것을 배워두면 거의 평생 그 느낌을 유지하듯이 쉽게 지워지지 않기에 무예를 통한 한국 알리기는 각인刻印 수준까지도 가능할 것이다.

태권도와 2011년 세계문화유산으로 등재된 택견은 한국을 세계에 알리는 좋은 소재다. 그런데 이것만으로는 한국의 무예 문화를 제대로 알리기는 부족해 보인다. 태권도나 택견 같은 맨손 격투 기술과 근현대에 스포츠로 각색된 무예만으로는 한국 무예의 다양성과 역동성을 담아내기는 어렵다는 것이다.

이 부분에서 정조의 명으로 편찬된 『무예도보통지』에 실린 무예24기는 한국 문화의 역동성을 제대로 알리는 좋은 소재가 될 수 있다. 무예24기에는 맨손 무예인 권법뿐만 아니라, 창술과 검술 등을 집대성한 것이다. 또한 한민족의 기마 전통이 담긴 마상무예

6가지가 포함되어 있어, 한국 무예의 모든 것을 담아 놓았다고 해도 과언이 아니다. 정조는 『무예도보통지』에 조선의 무예만을 담은 것이 아니라, 중국이나 일본의 것이어도 기술이 뛰어나다면 익혀야 한다는 실용 정신으로 주변국의 무예도 함께 담았다. 『무예도보통지』는 당대 동양 최고 수준의 무예를 집대성한 것이다. 왕의 명으로 국가가 주도적으로 편찬한 무예서는 세계적으로도 드물기 때문에 무예24기는 더욱 의미가 있다. 현재 무예24기는 정조의 혼이 담긴 화성 행궁에서 매일 수많은 외국인과 만나고 있다. 유형문화재인 성곽과 가장 잘 어울리는 무형 문화 콘텐츠인 무예24기는 외국인들에게 강한 인상을 남기고 있다.

앞으로도 한국의 소중한 문화유산인 무예로 역동적인 진짜 한국의 모습을 제대로 보여주자. 그래서 한국이 '고요한 아침의 나라'일 뿐만 아니라, 아침의 고요함을 바탕으로 생명력과 역동성이 살아 넘치는 나라로 각인되길 희망한다.

몸으로 읽는 인문학

제**5**장.

무예는
몸으로 실천하는
인문학

정조 대에 편찬된 병서인 『무예도보통지』에는 맨손 무예인 권법을 비롯해 창검법槍劍法을
비롯해 기병들이 익혔던 마상무예 6가지 등 무예24기의 자세와 기술 설명이 글과 그림으
로 실려 있다. 그중 권법은 당대 '몸 문화'를 가장 잘 보여주는데, 주먹과 손을 이용한 타격
법뿐만 아니라 상대를 붙잡고 관절 등을 직접 공격하는 유술기의 형태까지 발전했음을 확
인할 수 있다. 무예가 변하면 몸도 변한다.

내 몸과
소통하라

무예는 자기 몸과의 '전투적 소통'이다. 적의 목숨을 취하는 일은 자신의 목숨을 담보로 하는 것이다. 따라서 '지극한 소통'을 통해서 자신의 의지와 몸의 흐름이 일치될 때 비로소 본질적 가치에 도달할 수 있다.

그런 이유로 무예를 배우기에 앞서 가장 먼저 익히는 것이 신법身法 즉, 자신의 몸 상태를 확인하고 한계를 이해하는 것이다. 그 바탕에는 심법心法과 안법眼法이라고 해서 평온한 마음으로 자신을 들여다보는 수련이 있다. 자기 몸의 한계를 끌어올리는 것이 수련이지만, 기준점을 제대로 이해하지 못하고 수련하면 몸이 부서지고 만다. 건강하기 위해 혹은 자신의 몸을 지키기 위해 수련하는 무예가 오히려 몸에 무리를 주어 독으로 작용하는 것이다.

그래서 자신의 몸과 마음을 천천히 들여다보는 것이 수련의 시작이자 끝이라고 할 수 있다. 이는 비단 눈으로만 들여다보는 것이 아니다. 우리가 흔히 말하는 오감五感(눈 · 코 · 입 · 귀 · 몸)으로 자신과 자신을 감싼 세상을 들여다보는 것이다. 눈으로만 그 형국을 이해한다면 5분의 1도 제대로 받아들일 수 없다. 오감을 적극적으로 활용하면 세상살이가 보다 선명해지고 마음의 눈이 밝아진다.

이렇게 오관五觀의 단계로 진입한다. 관觀은 말 그대로 지켜보는 것이며 깨닫는 과정이다. 불교나 유교, 도교 등에서는 말하는 관도 이 연장선에서 이해된다. 불교에서도 오관을 이야기하는데, 부처님의 눈으로 세상을 이해하는 방법으로 육안肉眼, 천안天眼, 혜안慧眼, 법안法眼, 불안佛眼이다. 우리가 절에서 많이 듣는 '관세음觀世音'이라는 말도 '세상의 돌아가는 내용을 귀로 보는 것'이라는 뜻을 담고 있다. 소리를 본다는 것은 인간의 고뇌를 온몸으로 이해하고 감싼다는 의미다. 중생의 소리를 듣고자하는 부처님의 소중한 마음이 그 안에 담겨 있다.

유교의 경전 중 하나로, 『역경易經』이라고도 하는 『주역周易』에 등장하는 한 괘인 「풍지관괘風地觀卦」에도 관觀이 등장하는데, 바람이 땅 위에 불어 지나가듯이 이 세상의 모든 현상을 육감으로 파악한다는 의미를 담고 있다. 좋은 풍광을 둘러본다고 할 때 쓰는 관광觀光이라는 말도 여기에서 비롯된 것이다. 「풍지관괘」에는 "관국지광 이용빈우왕觀國之光 利用賓于王"이라고 해서 "나라의 빛을 바라봄이니, 손님으로서 왕 대접을 받으면 이롭다"는 뜻이 담겨 있다. 앞

문장인 관국지광은 말 그대로 나라의 표정을 살피는 것인데, 그 나라에 살고 있는 백성과 그들의 삶과 연관된 사회·자연적인 모든 것을 이른다. 백성의 삶과 연관된 단 한 가지라도 어긋나면 그 빛은 퇴색하게 된다. 천둥은 본시 위에서 아래로 내려오고, 바람은 아래에서 위로 불어 올라가기에 아랫바람 즉, 백성의 삶이 어떠한지에 따라 그 나라의 수준이 결정되는 것이다. 도교에서 말하는 세상을 보는 법인 좌관坐觀 역시 그러한 마음을 담고 있다.

이렇게 무언가를 마음속 깊은 곳에서 느끼기 위해서는 서로 통해야 한다. 『동의보감』의 핵심은 "통즉불통 불통즉통通則不痛 不通則痛"이다. "통하면 아프지 않고, 아프면 통하지 않은 것이다"라는 것이다. 세상만사 상하좌우가 제대로 통하지 않으면 문제가 생긴다. 사람의 몸도 하나의 유기체이기에 수련을 통해 좀더 잘 통하도록 만드는 것이 무예 수련의 본질이다. 이는 비단 사람의 몸뿐 아니라 세상살이도 마찬가지다. 서로 소통하지 않으면 어느 한 부분은 외면을 받거나 썩어가게 되어 있다. 머리가 의사 결정의 최고 위치에 있다고 해서 손발을 무시하고 제멋대로 하면 종국에는 파멸만 남는다. 머리는 진심으로 손발을 위하고 손발은 부지런하게 머리가 지시한 일을 수행하고 소통하면 '관국지광'은 더욱 빛날 것이다.

체력도
실력이다

　　사람 몸의 역사를 한마디로 압축
해서 '생로병사生老病死'의 과정이라고 표현한다. 모든 생명에 시작
과 끝이 있듯이 인간 또한 그 흐름을 벗어날 수 없기에 태어나서 죽
는 과정에 늙고 병드는 것은 지극히 당연하다. 다만 생의 과정에서
질병 없이 좀더 건강하고 천천히 늙어갈 것을 갈망할 뿐이다. 그런
데 질병과 늙음은 늘 함께 다닌다. 아무리 젊다고 하더라도 깊은 병
을 앓고 있다면 다른 사람보다 늙어버리는 모습을 쉽게 확인할 수
있다. 반대로 아무리 늙었다고 해도 건강한 신체를 유지하면서 젊은
사람보다 정열적으로 사는 사람도 많다. 신체적인 건강뿐만 아니라
마음의 건강까지 더해진다면 그 사람은 결코 늙은 것이 아니다.

　　이러한 늙음과 병듦의 핵심에는 체력이 있다. 만약 체력이
받쳐주지 않는다면 질병에 노출되어 더 빨리 늙어버릴 것이다. 반
대로 체력을 안정적으로 유지한다면 웬만한 질병은 스스로 극복할
수 있다. 인간의 몸은 세상 무엇보다 정교하고 안정적으로 만들어

졌다. 따라서 질병이 우리 몸에 침입하면 조화를 해치기에 자동적으로 질병을 이겨내기 위해 전사적으로 방어 태세를 취한다. 이때 가장 중요한 것이 체력이다. 겨울철 자주 걸리는 감기도 체력이 충분하다면 쉽게 들어오지 못할뿐더러, 감기 바이러스가 몸에 들어왔다 할지라도 특별한 약이나 진료 없이도 체력으로 물리칠 수 있다.

무예는 체력을 증진하기 위해 만들어진 것이다. 무예의 최고 목표는 누군가의 목숨을 탐하기 위해 신체를 무기처럼 갈고닦는 것이 아니라, 자신의 생명 에너지를 극대화하는 것이다. 수련 과정에서 얻는 살생 기술과 능력은 부차적인 것이다. 고대에도 삶과 죽음의 경계를 넘나드는 전쟁터에서 살아남기 위해 가장 필요한 것은 체력이었다. 칼 한 자루, 창 한 자루 들 수 있는 체력이 없다면 전쟁터에서 살아남기 힘들다. 그래서 전통 시대에도 군사들은 무기를 익히기 앞서 오래달리기나 담장 넘기 같은 것으로 기초 체력을 검증했다. 현대 군대도 기계화와 전산화가 진행되었다고 하지만 역시 그 시작과 끝은 인간의 몸 즉, 체력이 받쳐주어야만 안정적인 운용이 가능하다.

체력은 무예뿐 아니라 공부에서도 중요하다. 공부는 '엉덩이힘'으로 한다고 한다. 책을 붙들고 앉아 문제가 해결될 때까지 파고들 정도는 되어야 공부의 기본을 잡을 수 있다. 그 속에서 항심恒心

조선시대 군사들이 익혔던 무예 훈련 중 상대를 잡아 넘기는 일종의 유술 훈련 모습. 흘리
는 땀과 체력은 비례하며, 체력은 무예의 근본이다. 전통시대 군사들은 무기를 익히기 앞서
기초 체력을 쌓는 훈련을 했다. 기계화된 현대 군대에서도 군사의 체력은 중요한 요소다.

을 만드는 것이다. 『논어』의 「자장편子張篇」을 보면 다음과 같은 말이 있다. "날마다 자기가 몰랐던 바를 알며 달마다 잘하는 것을 잊지 않는다면 학문을 좋아한다고 일컬을 만하다日知其所亡 月無忘其所能 可謂好學也已矣." 항심을 가지고 마음의 공을 쌓듯 공부하는 것이 학문을 즐기는 기본이라는 것이다. 학문을 즐기기 위해서도 반드시 필요한 것이 체력이다. 체력이 받쳐주지 않는다면, 책을 좋아하고 싶어도 눈이 아프고, 허리가 아파 학문에 정진할 수 없다.

인생사 모든 것이 체력이다. 아무리 부귀와 명예를 하늘 높이 쌓아 올렸다 하더라도 체력을 잃고 건강을 놓치면 공허할 뿐이다. 또한 모든 것을 잃었을지라도 체력이 있다면 다시 재기할 힘이 남아 있는 것이다. 체력이 없으면 병이 들 것이고, 그로 인해 몇 배는 더 늙어버리게 된다. 자신의 건강을 유지하며 최상의 신체 상태를 만드는 것도 몸공부며 그것이 실력이기도 하다. 쉼 없이 자신의 몸과 대화하며 체력을 관리해야 한다.

잘 걷는 것에서
무예가 시작된다

동물학의 관점에서 인간을 규정하는 가장 큰 특징은 두 발로 서서 걷는 직립보행이다. 인간이 직립보행하면서 얻은 최대 장점은 두 손을 자유롭게 사용한다는 것이다. 네 발로 땅을 지탱하던 것을 두 발에 맡기고 척추를 세워 넓은 시야를 확보하면서 인간은 다른 동물보다 빠른 진화의 길에 들어설 수 있었다.

직립보행은 인류의 형태, 생리 기능, 생활에 혁명적인 변화를 초래했다. 그렇게 자유로워진 손을 통해 좀더 정교한 도구를 만들며 인간은 만물의 영장이 되었다. 본래 전진 운동기관인 앞다리가 팔이 되고 전진운동 이외의 운동 기능이 발달하면서 다양한 도구 제작과 사용, 몸짓을 하게 되었다. 특히 단순히 땅을 짚었던 손가락이 길어지고 섬세한 움직임이 가능해지면서 인간은 탁월한 발전을 이루었다. 소위 말하는 '호모 파베르Homo faber(도구를 다루는 인간)'나 '호모 루덴스Homo ludens(유희를 즐기는 인간)'의 단계로 넘어가기 위해 직립보행은 반드시 필요했다.

직립보행으로 손을 활용하게 되면서 인간의 두뇌는 점점 더 커졌고, 두 발로 중심을 잡기 위해 신경계통의 비약적인 발전이 이루어졌다. 이 과정에서 빠르게 이동할 수 있도록 발뼈는 세분화되고 정교화되었다. 인간은 두 발로 자유롭게 걷고 달릴 수 있게 되었다. 두 발을 이용한 직립보행으로 인간은 다른 동물과 차별된 삶의 방식과 신체 발달을 이루었으며, 그것이 인간을 인간답게 만든 혁명적인 진화의 핵심으로 작용했다.

무예에서 직립보행의 결과물로 만들어진 것이 보법 즉, 걸음법이다. 보법은 단순히 걸음 자체로 그치는 것이 아니라 손이나 발, 무기를 효과적으로 사용하기 위해 정교하게 갈고닦은 무예의 기초 움직임이다. 만약 보법이 완성되지 않은 상태에서 상대와 맞서거나 정교한 움직임을 만들려고 하면 여지없이 무너지고 만다. 마치 아직 제대로 걷지도 못하는 아이에게 달리기를 시키면 몇 걸음 가지 못하고 넘어지고 마는 것과 같은 이치다. 수없이 걷다 넘어지면서 비로소 빠르게 달릴 수 있게 되는 것처럼 보법도 수많은 시행착오를 통해서 안정적으로 몸을 쓰는 것이 가능해진다.

보법은 적절한 중심 이동으로 상대와의 거리를 조절하는 것이 핵심이다. 상대의 공격이 아무리 강하다고 해도 맞지 않으면 그

〈시흥환어행렬도始興還御行列圖〉. 1795년 윤 2월 15일, 화성 행궁을 떠난 정조 행렬이 시흥에 있는 행궁에 도착하는 모습이다. 걷기는 무예의 시작이며, 군대의 시작이기도 하다. 군사들의 행진은 동일한 보법을 통해서 구현되며, 쉼 없는 훈련을 통해서 이루어진다. 그래서 지금도 훈련소에 입소하면 가장 먼저 하는 것이 발맞추어 행진하는 연습이다.

만이고, 내 공격이 아무리 빠르더라도 상대에게 적중하지 않으면 의미가 없다. 그 중심에 보법이 있다. 보법의 차이로 무예를 구별할 수 있을 정도로 보법은 무예에서 기본 중의 기본이다. 그래서 보법 수련은 다른 기본기보다 철저해야 하고 오랜 시간이 걸린다. 보법의 움직임은 단순하지만 몸에 익히기 어려워 쉽게 무너지고 만다. 일상의 걸음걸이가 무예의 보법 수련에 영향을 끼치기 때문이다. 그래서 무예 고수일수록 평소 걸음걸이 또한 그 무예의 흐름처럼 변한다.

보법의 수련과 관련해 절적한 문장이 『논어』에 등장한다. 「태백편泰伯篇」을 보면 배움을 얻는 방법에 대해 "학문을 하는 데는 배워서 미치지 못하는 것같이 하고, 배워서 안 것은 잊어버릴까 두려워하는 것같이 해야 한다學如不及 猶恐失之"라고 설명한다. 공부할 때는 뒤쫓아도 못 잡는 듯 부지런히 해야 하며, 그렇게 얻은 결실은 혹시 잊어버리지나 않을까 두려워하는 태도로 쉼 없이 익혀야 한다. 한번 보법이 자기 몸에 안착되었다고 끝이 아니다. 무예의 보법은 일상적인 걸음걸이에 끊임없이 간섭받는다. 자신이 완성되었다고 생각하는 순간 보법은 무너지기 시작한다. 몸 수련이든, 마음 수련이든 항심이 필요하다.

자연스러울 수
있는가?

　　　　　　　　　　　세상 모든 것은 시간의 흐름을
따른다. 봄이면 새싹이 돋고, 여름이면 초록색 잎사귀가 한껏 젊음
을 불태우며, 가을에는 열매를 맺고, 겨울에는 두터운 나무껍질 속
에 숨어 봄을 기다린다. 인간도 엄마 품에 안겨 멀뚱멀뚱 세상을 쳐
다보다, 쉼 없이 엎어지고 일어나길 반복하다가 달리면서 성인되고
또 늙어간다. 그 안에 누군가를 만나 사랑을 하고 또 다시 가정을 이
루어 새 생명을 잉태하고 키워낸다.

　　비단 생명이 있는 유기체만 시간의 규정을 받는 것은 아니
다. 스스로 숨 쉬지 않는 딱딱한 돌덩이가 커다란 바위에서 작은 모
래알로 그리고 흙으로 변하는 것도 자연의 일부기 때문이다. 자연自
然은 말 그대로 '스스로 그러한' 것이다. 누가 뭐라 한다고 해서 억
지로 몸을 뒤틀거나 잘라버리는 것이 아니라, 스스로 다른 존재들
과 조화롭게 견뎌나가는 것이다. 만약 자연이 자연스럽지 못한 모
습을 취한다면 그 순간 조화는 깨지고 무너진다. 조화가 깨지면 병

들고 아파하다가 죽음이 드리운다. 그 죽음 또한 자연스러운 것이다. 그러하기에 자연은 늘 스스로 안정된 조화를 찾아 쉼 없이 변화한다. 어제 보았던 산을 오늘 다시 본다 해서 그 산이 똑같은 것은 아니다. 그 변화의 움직임이 시간인 것이다.

무예를 수련하고 풀어낼 때도 궁극적인 목표는 자연스러움이다. 인간 또한 자연의 일부기에 억지로 거짓된 힘을 사용하거나 과도한 힘을 사용하면 조화가 깨지고 부서지고 만다. 그래서 무예를 처음 배우는 사람이 가장 먼저 듣는 말이 '몸에 힘을 빼라'는 것이다. 특히 무기를 사용하는 무예는 어깨 힘을 빼는 데 보통 3년이 걸린다고 할 정도로 자연스러운 힘과 몸을 만드는 것은 결코 쉽지 않다.

인간이 철이나 나무로 만든 냉병무기를 사용할 때는 그 무기 역시 인체의 일부 혹은 연장선에서 이해해야 한다. 짧은 단도라면 자신의 손목 정도가 길어진 것이라 생각해야 하며, 좀더 긴 환도環刀 형태의 칼이라면 자기 팔의 연장선에서 운용법을 익히고 고민해야 한다. 무기를 들지 않은 자연스러운 상태를 생각해보면 억지로 관절에 힘을 주어 버티는 것이 아니다. 팔은 자연스럽게 몸통에 붙어 있다가 무언가를 짚을 때 힘을 주어 움직이는 것이다. 무기를 사용할 때도 평시에는 자연스럽게 있다가 상대의 움직임이나 자기 몸의 변화에 따라 힘의 강약을 조절하는 것이다. 상대는 특별한 움직임이 없는데도 억지로 힘을 꽉 주고 칼이나 곤봉 같은 무기를 들고 있다면 얼마 지나지 않아서 몸의 조화가 깨지고 스스로 무기를 내려놓게 된다.

비단 무기를 쓰는 무예뿐만 아니라 맨몸으로 하는 무예 또한 그러하다. 자연스럽게 어깨와 다리에 힘을 빼고 움직임을 만들다가 결정적인 순간에 힘을 응축해 발산하는 것이다. 만약 억지로 힘을 끌어다 쓰면 먼저 관절에 무리가 오고 종국에는 뼈가 부서지고 만다. 무예를 배울 때 어깨의 힘을 빼는 데 3년이 걸린다면, 마음의 힘을 빼는 데는 30년이 걸린다. 몸의 뼈가 완숙하는 20대부터 본격적인 수련을 했다고 한다면 50세가 되어야 마음의 힘을 풀고 자연스러운 몸짓과 마음짓이 만들어진다. 그런 이유로 나는 『논어』에서 50세를 말하는 '지천명知天命'을 마음의 힘을 빼고 자연스러움을 찾을 수 있는 나이라고 풀이한다. '하늘의 뜻을 아는 것'은 인간도 자연의 일부임을 깨닫는 일일 수도 있다.

노자의 『도덕경』을 보면 이런 문장이 나온다. "우주 안에는 4가지 큰 것이 있는데, 사람도 그중의 하나를 차지하네. 사람은 땅을 본받고, 땅은 하늘을 본받고, 하늘은 도를 본받고, 도는 스스로 그러함을 본받는다域中有四大, 而人居其一焉. 人法地, 地法天, 天法道, 道法自然." 도

무예는 무엇보다 자연스러워야 한다. 환도와 같은 칼을 들었을 때는 자기 팔의 연장선으로 생각하고 운용법을 익혀야 한다. 칼을 자기 팔처럼 여기고 자연스럽게 한칼을 내려 긋는 것이 칼의 전부일지도 모른다. 비록 화려하지는 않아도 자연스러운 움직임에는 담백하고 정갈한 맛이 있다.

의 본 모습은 자연이며, 사람 또한 자연의 일부기에 억지로 꾸미지 않으면 자연스러워진다는 것이다. 세상사 모든 일 중에 억지로 되는 일은 없다. 돈이나 권력으로 억지 행위를 한다면 언젠가는 조화가 깨지고 무너지고 만다. 자연스럽게 때를 기다리고, 몸의 양분을 축척하는 것이 오늘 내가 해야 할 일이다.

호흡 속에서
변화를 읽는다

모든 살아 있는 생물이 생명을 유지하기 위해 반드시 해야 하는 것이 호흡이다. 인간이 단번에 마실 수 있는 공기의 양은 얼마 되지 않는다. 그래서 끊임없이 새 공기를 마시고 헌 공기를 내뱉는 것이다. 인간은 숨을 들이마셨다가 내쉬는 것으로 본격적인 생명 활동을 시작한다. 어린아이가 엄마 배 속에서 오랜 시간을 거쳐 세상 밖으로 나올 때 가장 먼저 해야 할 일이 스스로 호흡하는 일이다. 생명이 자립하기 위해서는 자연스럽게 들숨과 날숨을 만들어야 하며, 이 행위는 살아 있음을 증명하는 신호기도 하다. 그래서 죽음을 일러 '숨을 거둔다'라고 하는 것이다.

호흡을 자연스럽게 만들고 난 후 비로소 생각하는 힘을 키울 수 있다. 만약 호흡하기가 어려워지면 다른 생각은 저 멀리 달아나고, 오로지 숨을 쉬어야겠다는 본능적인 움직임으로 온몸이 반응할 수밖에 없다. 물에 빠진 사람이나 갑자기 목구멍이 막혀 숨을 쉬기 어려운 사람에게 필요한 것은 부귀도 아니고 명예도 아닌 오직 호흡이다. 호흡은 생명 활동의 시작이자 끝이라고 볼 수 있다.

무예를 배울 때도 호흡은 모든 움직임의 바탕이 된다. 호흡은 들숨과 날숨으로 이루어진 단순한 것처럼 보이지만, 그 안에 수많은 무예 동작이 녹아들어 있다. 좀더 빠르고 강한 움직임을 얻기 위해서는 많은 양의 호흡이 필요하다. 호흡이 거칠어진다는 것은 그만큼 격렬하게 움직였다는 증거다. 그래서 무예 초보자일수록 몇 가지 동작을 하지도 않았는데 숨을 헐떡거리며 자세가 불안해지는 것이다. 반대로 오래 수련한 사람일수록 깊은 호흡으로 안정적인 움직임을 만들어낸다.

동일한 움직임을 만들 때도 누가 더 안정적으로 호흡하느냐에 따라 속도와 파괴력이 달라진다. 그래서 다양한 호흡 수련법이 전통시대부터 지금까지 전해지고 있는 것이다. 만약 움직임에 걸맞은 호흡을 하지 않는다면 제대로 힘이 전달되지 않을 뿐더러 몸에 심각한 문제를 초래할 수도 있다. 이런 이유로 무예에서 적절한 호흡의 변화는 신체 움직임과 직접적으로 연결된다. 변화하고자 하면 호흡을 먼저 가다듬어야 한다. 늘 하는 들숨과 날숨이지만 상황에 따라 변화하는 것이 호흡이다.

우리가 신년 운수나 사주를 볼 때 가장 많이 접하는 것이 『주역』이다. 다양한 형태의 괘卦가 모여 변화하는 삶의 모습을 보여주기에 유교에서는 『역경』이라고 부르며, 삼경三經의 하나로 공부하기도 했다. 『주역』의 바탕은 들숨과 날숨이다. 이를 음과 양으로 구분하고 다양한 조합을 만들어낸 것이다. 『주역』은 호흡을 바탕으로 음양을 최소 단위인 들숨 음효--와 날숨 양효-로 구분하고 조합해 다양한 변화를 만들어낸다. 절대적이거나 영원한 들숨 혹은 날숨은 없듯이, 절대적인 음이나 양도 존재할 수 없다. 상대적인 입장에서 변화의 흐름을 음양과 오행으로 풀어가는 것이 『주역』의 근원이다.

　『주역』의 난해한 내용을 체계적이고 철학적으로 서술한 책인 『주역 계사전周易 繫辭傳』은 "궁즉변窮則變, 변즉통變則通, 통즉구通則久"라는 3마디로 주역을 단순 명쾌하게 설명했다. 이 말은 '궁하면 변하고, 변하면 통하고, 통하면 오래간다'는 뜻이다. 끊임없이 변화해야만 살아남을 수 있고, 그 변화 속에서 새로워질 수 있다. 세상사 모든 것이 인간의 호흡처럼 쉼 없이 변화하면서 새로운 움직임을 만들어가는 것이다. 이러한 호흡의 변화에는 흐름이 있다. 호흡과 흐름을 바르게 풀어야 제대로 된 무예가 펼쳐진다. 세상살이도 그 호흡 속에서 놀고, 그 흐름을 잘 타야 편해진다.

내 몸에 맞지 않는
무기와 자리는 파멸을 부른다

전통시대 군사들이 익혔던 무예 중 가장 보편적인 것은 칼이었다. 조선 후기의 경우는 칼집에 고리를 만들어 허리에 매는 칼인 환도를 주로 사용했다. 긴 창을 사용하던 장창수나 화포를 다루던 포수도 환도를 허리에 패용해서 혹시 모를 근접전에 대비했다. 그런데 사람의 키가 다르고 뽑아낼 수 있는 힘이 다르기에 저마다 환도의 크기를 조절해서 사용했다. 또한 자신의 장기에 따라 칼의 규격을 조절해서 전투에 가장 효과적인 움직임을 얻으려 했다. 그래서 현재 박물관에 남아 있는 전통시대 칼들의 크기와 모양이 제각각인 것이다.

병서를 보면 군사의 신체 조건에 따라 무기를 구분하기도 했다. 예를 들면, 키가 작은 사람은 방패를 수련하게 하고, 키가 큰 사람은 장창을 잡게 했으며, 가장 용감한 사람은 신호용 악기를 다루게 한 것이다. 이처럼 자신의 장기를 적극적으로 살려 무예를 익히거나 군사훈련을 해야만 실력을 최고로 키울 수 있었다.

국립박물관 소장

다양한 형태의 조선시대 환도. 환도는 띠돈이라는 회전형 고리가 달려 있어 '환도(고리 칼)'
라 불렸다. 사람마다 키와 팔 길이가 다르고 힘이 다르기 때문에 자기 몸에 맞게 환도를 조
절해서 사용했다. 칼을 다룰 때 장기를 살리고 효과적으로 움직이기 위해 칼의 길이나 두께
등을 조절했다. 그래서 환도는 크기와 모양이 제각각이다.

이와 반대로 남이 사용하는 무기가 멋져 보여 억지로 자신의 능력을 넘어서는 무기를 다루려고 애쓰다가 죽음에 이르는 경우도 있었다. 자신이 감당할 수 있는 무게나 길이를 넘어서면 무리하다가 부상을 당하는 것은 당연지사다. 또한 담력이 크지 않은데, 억지로 신호 악기를 다루려다 부대원 전체를 곤경에 빠뜨리는 경우도 종종 있었다. 이처럼 자기 몸에 맞지 않은 무기는 오히려 큰 화를 부른다. 자기 몸에 맞지 않은 옷 또한 그렇다.

조선 후기 비판적 신지식인이자 북학北學의 선두 주자로 불렸던 연암 박지원朴趾源이 쓴 소설인 「양반전」을 보면 이와 관련된 내용이 나온다. 조선 후기 강원도 정선에 학덕이 높은 양반이 살고 있었다. 신분은 양반이었으나 집이 가난해 관곡을 빌려 먹었는데 천 석이나 빚을 지게 되었다. 각 고을을 탐방하며 현지 답사를 하던 관찰사가 이 사실을 알고 크게 노해 현령에게 그 양반을 투옥하라 명을 내렸다. 안타깝게도 그 양반은 빚 갚을 능력이 안 되어 밤낮으로 울기만 했다. 그 고을의 현령이 꾀를 내어 양반 신분을 팔아서 그 빚을 갚게 했다. 다행히 비록 신분은 비천하나 돈을 엄청나게 모은 사람이 있어 양반 신분을 돈을 주고 사게 되었다. 문제는 그다음에 생겼다. '양반증'을 돈 주고 산 이는 곧장 테가 넓은 갓과 자락이 긴 도포를 걸쳐 입고 '나도 이제 양반입네'라고 거들먹거리며 관청에 들렀다. 관청에서 양반이 해야 할 수많은 일을 조목조목 알려주자 그는 "장차 나로 하여금 도적놈이 되란 말입니까!"라는 말을 남기고 입고 있던 양반 옷을 벗어 던지고 도망갔다.

박지원이 「양반전」을 쓴 것은, 조선 후기 신분 질서 변동을 배경으로 양반의 허위와 무능, 권력 남용을 비판하기 위해서였다. 그런데 반대로 생각하면 돈을 벌 만큼 벌었지만, 신분은 비천한 이가 억지로 자기 몸에 맞지 않은 옷을 입으려다 큰 곤경에 빠진다는 내용으로 볼 수도 있다. 그나마 안 맞는 옷을 벗어 던지고 도망갈 수 있는 양심과 염치가 있어서 다행이다. 만약 그 사람이 나도 이제 양반이라며 그동안 쌓였던 분풀이라도 했다면 그 화는 고스란히 주변 사람들에게 돌아갔을 것이다.

자기 몸에 맞지 않는 무기를 휘두르는 것은 자신은 물론 주변 사람들에게도 화를 끼친다. 자신의 그릇에 맞지 않는 옷이나 자리 역시 남에게 큰 화를 불러일으킬 수 있다. 미국 16대 대통령이자 남북전쟁에서 북군의 승리를 이끌었던 에이브러햄 링컨Abraham Lincoln은 "그 사람의 성품을 알고 싶다면, 그에게 권력을 주어보라"는 말을 했다. 권력은 그것은 휘두르는 것이 아니라, 지켜야할 것을 품어 안는 데 의미가 있다.

무예는
몸과 마음의 조화

무예는 글자 그대로 몸으로 표현하는 예술이다. 자신의 마음속에 담긴 생각을 몸으로 표현하는 신체 언어적인 특성이 있다. 몸 어딘가가 불편하다면 자세가 바를 수 없고, 마음 어딘가가 아파도 원하는 움직임을 얻을 수 없다. 그래서 무예 수련의 핵심은 몸과 마음의 조화다. 몸과 마음 어느 한편에도 치우치지 않고 조화롭게 풀어나가기 위해 만들어가야 할 것이 바로 평상심平常心이다. 평상심은 평온한 마음으로 끝나지 않고 평온한 몸을 갖추어야 이루어지는 일종의 경지다. 상대가 무력을 사용해 도발하거나 헛된 입담으로 마음을 공격하려 할 때 찾아야 하는 것이 몸과 마음의 평상심이다.

유학에서는 그런 조화를 중용中庸이라고 표현한다. 사서四書 중 하나가 바로 『중용中庸』이기도 하다. 조선시대에는 무관이 되기 위해서도 반드시 사서에 통달해야 했다. 『중용』은 전통시대 무예를 익히는 사람에게 필수적인 공부였던 셈이다. 사서를 공부할 때는 먼저 『대학大學』을 읽으면서 유학의 기본 내용을 인지하고, 다음으로 『논어』를 읽어 유학의 근본을 배우고, 다음으로 『맹자孟子』를 읽어 『논어』에서 말하는 고민을 주체적으로 수용하는 것을 배운다. 사서 중 마지막으로 읽는 것이 『중용』인데, 여기서부터 비로소 자신의 학문 안에서 옛사람들의 사유 세계를 탐닉하게 되는 것이다.

중용은 "천명지위성 솔성지위도 수도지위교天命之謂性 率性之謂道 修道之謂敎"라는 구절로 시작한다. "하늘이 부여한 것을 일러 성性(인간의 됨됨이)이라 하고, 그 성을 따르는 것이 도道(인간의 도리)며, 그 도를 닦는 것 즉, 인간이 추구해야할 길을 배우고 익히는 것이 교敎"라는 것이다. 이 문장에 성인의 삶을 표방하는 유학의 모든 것이 담겨 있다고 해도 과언이 아니다.

중용에서 말하고자 하는 것은 인간의 도리를 깨우치고 수련하는 것이다. 무예의 중용, 평상심도 이와 같다. 무예에는 인간의 도리를 깨우치고 수련하는 내용이 담겨 있기에 오늘날까지 전해지는 것이다. 머리로 하는 공부뿐만 아니라 몸공부를 통해서 중용을 찾는 행위가 무예다.

그런데 중용을 생각하면 많은 사람이 기계적으로 물리적인 중간을 연상한다. 어느 것이 중용인가라는 물음에 1부터 10 중에서 5를 선택하는 것이다. 또한 왼쪽 길(좌파)도 아니고 오른쪽 길(우파)

도 아닌 가운데 길(중도)을 중용이라 생각하기 쉽다. 그러나 중용은 인간의 마음을 바탕으로 하는 것이기에 기계적으로 절반을 가를 수 없다. 인간의 본성 안에 측은지심惻隱之心이 없다면 인간이라 말할 수 없는 것과 같다. 인간적인 슬픔이나 고통을 살피지 않고 기계적으로 중도를 취하거나 자신의 이익 여부에 따라 기준을 정한다면 그것은 중용이 아니라, 중용을 빙자한 방관인 것이다. 세상의 고통과 사람의 마음을 헤아려 그 안에서 스스로 치우침 없이 판단하고 행동하는 것이 중용이다. 그래서 중용이 어려운 것이다.

무예에서 중용의 덕을 찾기 위해 쉼 없이 피땀 흘리며 수련한다. 단순히 누군가를 쓰러뜨리기 위해 수련을 쌓는 것은 어찌 보면 미련한 짓이다. 아무리 수련을 쌓아온 고수일지라도 생물학적 나이를 넘을 수 없기에 80대 노인이 20대 젊은 혈기를 감당할 수 없다. 오로지 내 몸과 마음속의 조화를 찾아 스스로 치우치지 않게 수련하는 것이 무예의 중용이다. 세상의 가장 큰 적은 남이 아니라 내 안에 있다.

천시받아온
'몸'의 부활

　　태초 인류는 다른 동물처럼 사지로 기어 다녔다. 그리고 자연에서 살아남기 위해 직립보행으로 진화하며 인간만의 '몸'을 만들었다. 선사시대 인간의 '몸'은 생존을 위한 최고 가치이자 삶의 의미였다. 그러나 역사시대로 접어들어 인간이 문화를 만든 이래 지금까지 인간의 철학은 '정신'만을 위해 존재해왔다. '몸'은 그저 욕망과 배설의 대상일 뿐이며 철학의 주제에도 끼지 못하는 천박한 존재로 인식되어 왔다.

　　'몸'은 '정신'이라는 보이지 않는 절대 강자에 의해 철저하게 역사의 뒤안길에서 숨죽이고 있었다. 지금까지 우리의 머릿속을 지배해온 고대 그리스철학을 시작으로 서양철학은 끊임없이 '몸'을 고문하고 유배 보냈다. 서양철학의 근원이라 불리는 플라톤Platon의 형이상학을 건너 근대 철학의 아버지라 불리는 르네 데카르트René Descartes의 "나는 생각한다. 고로 존재한다"라는 절대적 코기토cogito에 심취해 철학의 역사는 정신만을 위한 공간으로 자리매김

되어왔다.

　그러나 정신이라는 것이 무엇인가? 그토록 고귀하게 여겨지는 정신, 정신이 죽으면 육체는 아무 쓸 데 없는 허울에 지나지 않는다고 강변하는 교조적인 철학자들에게 정신이라는 것은 무엇인가? 아마 그들도 '정신'이 무엇인지 스스로 되물어도 미사여구를 제외하면 명확하게 대답하기 어려울 것이다. 정신은 눈에 보이지 않는 것이기 때문이다.

　수백 년 동안 정신은 지상 최고의 위치로 떠받들어 모셔졌기에 쉬운 말로 이야기하기에는 '너무 먼 당신'이 되어버렸다. 이제 저 높은 곳에 고이 모셔진 '정신'을 잠시 지상 세계로 끌어내려보자. 지상 세계로 내려온 정신은 이제야 몸을 통해 발현되고 이해되는, 우리에게 조금은 가까운 존재로 받아들여질 수 있을 것이다. 수백 년 동안 저 높은 하늘에서 둥둥 떠다니던 고귀한 '정신'을 이해하려면 '정신'을 담는 그릇인 '몸'을 이해해야만 한다.

　동양철학은 욕망과 관련된 몸을 끊임없이 수행하는 것을 기본으로 삼았다. 욕망을 부정하고 수신修身이라는 절대 위상으로까지 확대시킨 욕망 절제의 미학, 그리고 사회적 혼란을 야기하지 않는 범위 내에서 자신의 욕망을 충족시켜 궁극에는 사회의 발전을 이끄는 욕망 긍정의 안신安身으로 몸을 세우고자 했다. 욕망을 부정한 수

양명학의 시조인 왕수인王守仁. 정신만을 강조해온 서양철학과 달리 동양철학에서는 몸의 수행을 중시했는데, 특히 양명학에서는 '몸을 사랑하는 것'을 강조했다. 아무리 고귀한 정신이라도 그것을 담는 몸이 있어야 하며, 몸과 정신은 동떨어진 것이 아니기 때문이다. 무예는 '몸'을 이해하기 위한 가장 적절한 방안이 될 수 있다.

신 관점의 대표적인 인물은 공자로, 그는 극기복례克己復禮를 주장했다. 이후 명대 중기 이후 안신의 철학이라 불리며 사회구조의 급격한 변화와 맞물려 발생한 양명학陽明學은 수신이 아닌 안신과 보신保身, 더 나아가 애신愛身을 강조했다.

　수신과 안신은 몸과 마음을 서양의 이분법적 사고로 바라본 것이 아니라 심신일원론 관점에서 출발했기에 서양과는 또 다른 차원에서 몸을 생각하게 했다. 동양철학의 관점은 몸을 완전히 억눌렀던 서양철학과는 다르다. 동양의 고전이라 말하는 사서삼경에서도 세상을 움직이는 가장 기본적인 틀은 몸과 마음의 합일이라고 이야기한다.

　현대 사회에서 '나'라는 존재는 내 스스로 인식하는 '나'가 아니라 타인이 손으로 만지고, 타인이 눈으로 확인하는 상호 인지성을 바탕으로 정립된다. 파편화되어버린 현실 세계의 '나'와 사이버 세계의 아바타적 '나'의 괴리감은 현실 세계의 또 다른 누군가와의 접촉을 통해서만 극복하고 진정한 '나'로 회귀할 수 있다.

　이제 더는 몸을 천시하지 말자. 정신과 동일한 위치로 몸을 승격시켜야 한다. 이런 몸공부 발상만이 현실 세계와 사이버 세계를 혼동하는 세대에게 키보드나 마우스의 플라스틱 '접속connect'이 아닌 사람의 손끝에서 손끝으로 전해지는 따스한 '접촉contact'을 만들어 낼 수 있을 것이다.

몸을 이해하기 위해 필요한 것이 바로 무예다. 무예는 정신에게 빼앗긴 몸의 위치를 탈환할 수 있는 가장 좋은 방법이다. 오늘날에는 무예 수련으로 얻어진 인간적인 승부욕과 야생의 전투 본능이 필요하다. 과학기술이 발달할수록 인간을 인간답게 만드는 것이 바로 무예다.

제6장

무예와 삶,
무인의 삶

〈석천한유도石泉閑遊圖〉, 홍주성역사관 소장

조선 후기 무신인 석천石泉 전일상田日祥의 일상을 묘사한 풍속화다. 전일상은 영조 대 전라
우수사와 경상좌병사를 역임한 무신이다. 그림에도 무인의 호걸스러운 모습이 잘 표현되어
있다. 누각 위 난간에 기댄 전일상의 오른손에는 매사냥에 사용하는 매가 있고, 바로 위 기
둥에는 띠돈을 이용해 환도를 걸어놓았다. 누각 아래에서 건장한 체구에 험상궂게 생긴 마
부가 전투마로 보이는 말을 씻고 있고, 담배와 술 시중을 들고 가야금으로 흥취를 돋우는
관기官妓도 함께 묘사되어 있다.

무예의 맛,
삶의 맛

무예에도 맛이 있다. 똑같은 무예를 수련한다 하더라도 어느 선생님에게 배우냐에 따라 수련의 궁극적 지점과 움직임이 달라진다. 수련자의 품성 또한 무예의 맛을 변화시킨다. 성질이 급하고 저돌적인 사람이라면 무예에도 그 조급한 마음의 색깔이 그대로 묻어나게 된다. 그래서 같은 선생님에게 배웠을지라도 시간의 흐름에 따라 몸에서 몸으로 전수되는 무예는 저마다 달라지는 것이다.

그런데 무예를 배우고 어느 정도 시간이 지나면 저마다 자신만의 맛을 내기 위해 다양한 시도를 하게 된다. 어떤 사람은 속도를 추구하고 다른 이는 파괴력에 주안점을 두고 수련 내용을 변화시킨다. 문제는 여기서부터 발생한다. 무예의 중심은 기본기다. 제대로 권을 지르거나 발을 들어 올려 차는 것에서 시작하는 것이다. 검술이라면 반듯하게 머리 위로 칼을 들었다가 한 번 크게 내려 베는 기법이 출발점이다. 이러한 기본기 수련을 바탕으로 연속 동작을 수

런해 가상의 공방을 이어내는 것이 형 혹은 투로가 된다.

지나친 속도나 파괴력을 얻기 위해 변형된 수련은 기본기까지도 변화시킨다. 특히 공개적으로 다른 사람들에게 보이는 시범은 화려한 기술이 주가 되기에 기본기는 사라지고 새로운 형태의 움직임이 만들어지게 된다. 무예에 새로운 맛을 더하려고 추가한 것들이 오히려 독이 되는 것이다. 기본기는 이미 몸에 익혔다고 생각하는 순간 자세는 변해버린다.

이는 마치 요리할 때 원재료의 맛과 질감을 무시하고 자신만의 음식을 만들기 위해 온갖 부수적인 첨가물을 넣는 것과 같다. 원재료의 담백한 맛은 뒤로하고 특정한 맛을 내기 위해 수많은 양념을 더하면 요리의 정체성을 잃게 된다. 거기에 의도적으로 감칠맛을 내기 위해 화학조미료까지 더하면 처음에는 맛이 새로울 지라도 종국에는 라면 스프 맛에 가까운 인스턴트 요리가 될 뿐이다.

우리가 자주 듣는 문장 중에 『대학』의 "수신제가 치국평천하修身齊家 治國平天下"가 있다. 자신의 몸을 닦아야 집안을 가지런하게 단속할 수 있고, 나라를 다스리고 천하를 평정할 수 있다는 이야기다. 무예 수련으로 보자면 자신의 몸을 이해하고 기본기 수련을 안정시키는 것이 '수신'에 해당한다. 만약 수신에 힘을 쓰지 않는다면 모든 일은 한낱 모래성에 불과할 뿐이다.

『대학』을 보면 이러한 내용을 좀더 쉽게 이해할 수 있다. 『대학』에 "물유본말 사유종시 지소선후 즉근도의物有本末 事有終始 知所先後 則近道矣"라는 문장이 있다. "만물에는 근본과 말단이 있고, 모든 일에는 시작과 끝이 있으니, 선후를 알면 도에 가깝다"는 뜻이다. 그 다음 "밝은 덕을 천하에 밝히고자 하는 사람은 먼저 그 나라를 잘 다스려야 하고, 나라를 잘 다스리고자 하는 자는 먼저 그 집안을 잘 다스려야 한다. 그 집안을 잘 다스리고자 하는 사람은 먼저 자기 자신의 수양해야 하고, 자기 자신을 수양하고자 하는 자는 먼저 그 마음을 바로 해야 한다古之欲明明德於天下者 善治其國 欲治其國者 先齊其家欲齊其家者 先修其身 欲修其身者 先正其心"고 했다.

이처럼 모든 일에는 근본과 순서가 있고, 시작이 두터워야 큰일을 도모할 수 있다. 그렇다고 수신에만 몰두해 한걸음 더 나아가는 일에 망설일 필요는 없다. 내 몸을 쉼 없이 다스리며 제가나 치국을 넘어 평천하의 길을 가면 되는 것이다. 반대로 이미 평천하했다고 해서 내 몸을 다스리지 않는다면, 자신의 근본인 기본기마저 흔들려버린다. 그래서 고수라 불리는 무예인들은 화려한 자세에 신경 쓰기보다 기본기에 충실한 수련을 계속하는 것이다. 담백한 무예의 맛은 기본에 있으며, 진솔한 삶의 맛 역시 일상생활에 있다.

진짜 필살기는
단순함에서 나온다

어릴 적 오락실에서는 동전을 넣고 수많은 캐릭터 중 하나를 골라 접전을 펼치는 격투 게임이 가장 인기가 좋았다. 스트리트 파이터, 철권 같은 대전 오락은 당시 아이들에게 격투의 꿈을 실현해주는 대체물이었다. 격투 게임들은 아직도 오락실 한 귀퉁이를 장악하고 있으니 그 '로망'은 여전한 것 같다.

대전 격투 오락을 하다 보면 '콤보'라 부르는 연속기와 필살기가 등장한다. 위기에 처할 때 온 신경을 집중해 스틱과 단추를 동시에 조작하면 멋지고 화려한 기술이 나와 적을 제압한다. 필살기 공격에 적이 쓰러지면 슬로비디오처럼 느린 화면이 펼쳐지며 승리의 기쁨을 다시 한 번 느끼게 해준다.

그러나 실제 무예에서는 그렇게 화려한 공격법이 통하지 않는다. 자신의 기를 발산해서 순간적으로 전투력을 높이거나 기를 한 곳에 집중해서 장풍 같은 기술을 쓰는 것은 불가능하다. 오히려 쉼 없이 익혔던 단순한 기술이 필살기처럼 활용된다. 상대를 향해 손을 가볍게 좌우로 연속으로 뻗은 후 뻗는 낮은 발차기 하나, 혹은 들어오는 상대의 칼을 흘리듯 받아내고 짧게 머리나 손목을 가격하는 단순한 동작이 훨씬 안전하게 적을 궁지에 몰아넣는다. 동작이 크거나 화려하면 그만큼 방어력이 떨어진다. 필살기는 단순한 것이다. 이런 단순함은 개인 간의 전투뿐만 아니라 국가와 국가가 전력을 다해 싸우는 전쟁에도 그대로 적용된다. 단순하게 적국의 약점을 집중적으로 공격하거나 반대로 자국의 약점을 철저하게 방어함으로써 전쟁의 승패가 갈린다.

『오자병법吳子兵法』은 중국 춘추전국시대 전국 7웅 중 하나였던 위나라 태생의 오자吳子의 글을 모아 놓은 병서다. 오자는 당대 최고의 전술가로 명망이 높았던 장수다. 당시 작은 소국의 제후였던 무후武侯가 오자에게 "진을 치면 반드시 안정되고, 수비에 들어가면 반드시 견고해서 싸우면 반드시 이기는 방법에 대해 듣고 싶습니다願聞陳必定 守必固 戰必勝之道"라고 묻는다. 전쟁의 필살기를 묻는 질문이다. 전쟁에서 반드시 이기는 필승의 요건은 시대를 떠나서 늘 유효하다. 오자는 이 질문에 3가지 조건을 답으로 내놓았다.

첫 번째는 "유능한 자를 윗자리에 앉히고, 무능한 자를 아래에 둘 수만 있다면 아군의 진지는 이미 안정된 것이다君能使賢者居上 不

肖者處下 則陳已定矣"라는 말이었다. 지극히 단순하고 평범한 답이지만, 현실 정치에서는 늘 한계로 작용하는 부분이기도 하다. 비단 과거만이 아니라 요즘도 '낙하산 인사'라는 문제가 끊임없이 제기되기에 이것이 얼마나 어려운 일인지 쉽게 공감할 수 있을 것이다. 두 번째와 세 번째는 더 단순하다. 두 번째는 "백성들이 마음 놓고 생업에 종사하고 나라의 관리들이 친밀감을 느낄 수 있도록 지방 정치를 운영한다면 방어 태세 역시 견고해진다"는 것이었으며, 세 번째는 "백성에게 주군의 뜻이 옳다는 믿음이 퍼지고 반대로 상대편 나라를 나쁘게 여긴다면 전쟁은 이미 이긴 것이 된다"고 했다.

이처럼 한 나라의 필살기必殺技는 적국에게는 목숨을 빼앗는 살법殺法이지만, 그 안에 살고 있는 위정자와 백성에게는 필생기必生技여야 한다. 만약 이러한 조건들이 무너진다면 적국이 아니라 자국을 무너뜨리는 필살기가 될 것이다. 개인의 삶에서도 필살기는 단순해야 한다. 화려한 언변으로 포장하거나, 셀 수도 없이 많은 스펙으로 무장하는 것은 오히려 독이 될 가능성이 높다. 자신의 행복을 단순하면서도 가장 안전하게 지키는 방법, 그것이 자신의 필살기이자 필생기다.

우리 활에서
배우는 인생

　　　　　　　　　　　　두 발을 편하게 벌리고 서서 숨
한 번을 들이마시며 물동이를 머리에 이듯 활을 들어올린다. 숨을
천천히 내쉬며 앞 손은 태산을 밀 듯하고, 시위를 잡은 뒷 손은 호랑
이 꼬리를 잡아당기 듯 지그시 끌어당긴다. 잠시 과녁을 응시하고
멈추었다가 팽팽한 긴장감을 끊어내듯 하면 화살은 미련 없이 시위
를 떠난다. 짙푸른 창공을 향해 화살 한 개가 얇은 잔상을 만들며 허
공을 가른다. 이내 저 멀리 떨어진 과녁에서는 맞았다는 둔탁한 소
리가 은은하게 퍼진다.

　　우리 전통 무예인 활쏘기 모습이다. 흔들림 없이 고요한 마
음을 유지하며 화살 한 개 한 개에 온 정성을 담아 수련하는 활쏘기
는 그야말로 군자에게 어울리는 무예다. 우리네 활쏘기는 이 땅을
지켜온 군사 전술의 핵심이었다. 높고 험준한 산지가 많아 외세를
막아낼 때는 깊은 산성에 웅거했다가 적이 몰려들면 쉼 없이 화살
을 쏘아 접근조차 어렵게 만들었기 때문이다. 달리는 말 위에서 정

가득당긴 활을 만작滿酌이라고 부른다. 부족하지도 넘치지도 않는 힘 조절을 통해 조화를 만드는 것이다. 그러려면 일단은 흔들림 없이 참아야 한다. 천둥이 치고, 불벼락이 옆을 스쳐도 참아야 한다. 그런 과정을 거치면 작은 과녁이 더욱 뚜렷해지고, 화살은 자유롭게 비상한다.

교하게 활을 쏘는 기사騎射는 고대부터 우리 민족을 대표하는 몸 문화의 결정체였다.

조선시대 무관들의 공식 등용문이었던 무과 시험의 실기 과목은 활쏘기가 주를 이루었다. 철전鐵箭이라는 크고 무거운 화살을 쏘는 법이나 편전片箭 혹은 애기살이라 하는 작은 화살을 통아筒兒라는 대롱에 넣어 쏘는 법 모두 무과 시험을 중심으로 발전한 활쏘기 방식이다. 좌우 각각 5개씩 일정 거리마다 표적을 세워두고 말을 전속력으로 달리며 활을 쏘는 기사 역시 무관이 갖추어야할 기본적인 수련이었다.

오늘날에도 활터에서는 화살들이 허공을 가른다. 선조들의 유구한 몸 문화가 담긴 활쏘기를 익히기 위해 손가락이 부르트도록 훈련에 훈련을 더한다. 활을 배우는 데는 여러 가지 정진 방법이 있는데, 그중 몇 가지를 보면 활쏘기를 명확하게 이해하게 될 것이다. 활쏘기를 하기 위해서는 가장 먼저 안전을 위해 지형을 살피고 바람의 방향을 가늠한다先察地形 後觀風勢. 화살을 잡은 후에는 호흡을 가다듬으며 몸의 자세를 바로 잡는다胸虛腹實 非丁非八. 활을 잡은 앞 손은 힘껏 밀고 시위를 잡은 뒷 손은 화살을 쥐고 팽팽히 끌어당겼다가 활을 쏘는데前推泰山 後握虎尾, 화살이 표적에 맞지 않았다면 오로지 자기 자신을 반성해야 한다發而不中 反求諸己.

사대에 올라 활을 쏘는 사람은 저마다 이 원칙을 가슴에 새기고 활을 당기게 된다. 활쏘기의 시작과 끝에는 삶의 핵심이 담겨 있다. 활을 잡고 사대에 오르면 가장 먼저 공손히 하단전에 손을 올리고 과녁을 향해 인사하며 "활 배웁니다"라는 말을 전한다. 시위에 걸어 화살을 쏘는 것으로 끝나는 것이 아니다. 수십 년을 활과 함께 보낸 명궁도 늘 처음 배운다는 마음으로 사대에 오른다. 무엇이든 늘 배운다는 마음으로 시작한다면 내실을 튼튼히 다지는 삶이 펼쳐질 것이다.

활을 낼 때 집궁 원칙의 첫 번째는 지형과 바람을 읽는 것이다. 긴 안목으로 자신이 살아가야 할 미래를 살피고 혹시 모를 돌풍을 예상하며 준비하라는 뜻을 담고 있다. 세상일이 어떻게 변화하는지 모르고 오로지 내 갈 길에만 바빠 앞뒤 따지지 않고 밀어붙이면 실패는 당연하다.

마지막의 '반구저기反求諸己'라는 표현은 『맹자』의 「공손추편公孫丑篇」에 나오는 "발이부중 불원승기자 반구저기이이發而不中 不怨勝己者 反求諸己而已"라는 구절에서 유래했다. "활을 쏘아서 적중하지 않더라도 나를 이긴 자를 원망하지 않고, 돌이켜 자기 자신에게 그 원인을 찾아야할 따름이다"라는 뜻이다. 우리 삶에는 아무리 철저하게 준비하고 변화에 민감하게 반응한다 할지라도 어쩔 수 없이 맞이하는 시련이 늘 존재한다. 그때마다 세상 탓이나 남 탓에 골몰하며 한없는 원망만 쏟아내는 것이 다반사다.

활을 잡은 것도 자신의 손이며, 시위를 당긴 것도 자신의 손이라는 사실을 망각하고 화살이 엉뚱한 방향으로 날아갔다고 하소연해보았자 돌아오는 것은 주변의 싸늘한 시선뿐이다. 가장 먼저 해야 할 것은 남 탓이 아니라, 겸허하게 자기 자신을 돌아보며 문제의 원인을 짚어내는 것이다. 그래야 진실한 답을 얻을 수 있다. 정확한 원인 분석으로 자신을 먼저 변화시키려 노력하면 그 과정에서 문제는 저절로 해결될 것이다. 화살은 내 손을 떠나 착지점에 도달한다.

강함을 경계하고
부드러워져야 한다

무예는 필연적으로 강함을 추구하는 것이다. 빠르고 강한 움직임으로 상대를 일격에 제압하는 것이 무예를 수련하는 모든 사람의 꿈일 것이다. 그 한 방을 위해 온몸이 부서지는 고통을 참아가며 수련하게 된다. 그래서 무예를 수련하면 점점 더 몸과 마음이 단순해진다. 이는 무예뿐만 아니라 신체 활동을 한계까지 몰아붙이는 모든 행위에서 나타나는 현상이다. 머릿속이 복잡해지면 반응시간이 더뎌지거나, 흐름이 무너질 수 있기에 끊임없이 속마음을 비워내야 한다. 특히 무예는 상대의 움직임에 즉각적으로 대응하기 위해서 복잡하게 이것저것 계산할 것 없이 본능에 가깝게 몸을 움직여야 한다. 우리가 말하는 필살기 역시 자세히 살펴보면 지극히 단순하고 명쾌한 움직임으로 구성된다.

그러나 세상사 모든 것은 강하고 분명하다고 해서 끝나는 것이 아니다. 강인함을 이겨내지 못하고 스스로 무너지는 경우도 많다. 신체에서 보면 관절이 대표적이다. 나이가 들어감에 따라 신체 능력도 위축된다. 관절은 오랜 세월 쉼 없이 마찰을 일으키기에 다른 곳보다 빨리 수명이 줄어들게 된다. 특히 무예 수련에는 순간적으로 강력한 힘을 얻어내기 위해 관절에 무리를 주는 자세가 많다.

주먹으로 상대를 치는 자세도 단순히 주먹 힘만 쓰는 것이 아니라 어깨와 등, 허리는 물론 두 다리의 비틀림을 더해야만 강력해지기에 전신의 관절에 상당한 무리가 온다. 그 엄청난 압박을 견뎌내며 수천 번 아니 수만 번 동일한 움직임을 만들어내는 것이 수련이기에 무예 수련은 관절에 치명적인 해가 될 수도 있다. 실제로 주변에 체육관을 운영하는 무예 관장을 보면 사지 관절 중 하나 정도에는 치명적인 손상을 입은 경우가 많다.

신체적인 강인함뿐만 아니라 심적인 강인함도 때로는 화를 부른다. 무예 수련을 하는 사람은 빠르고 단순한 육체를 강조하기에 성격 또한 그렇게 변화한다. 나또한 반평생이 넘는 세월을 칼과 함께 지냈기에 성격도 칼 쓰는 것과 닮아 있다. 옳고 그른 것, 혹은 원칙과 무원칙의 사이에 칼로 두 동강 내듯 의사 결정을 내리고 후회한 적이 한두 번이 아니다. 그 기준 또한 지극히 주관적인 것이며, 대상이나 상황에 따라 달라져야 함에도 몸과 마음이 먼저 극렬하게 반응하기에 생기는 일이다. 요즘에야 강하고 빠른 것이 전부가 아니라는 생각이 조금씩 내 안에 자리를 잡아가고 있다. 고대 중국의

무예는 늘 강함을 추구한다. 전장에서 살아남기 위해 혼신의 힘을 쏟아야 자신의 생명을 지
킬 수 있기 때문이다. 그러나 그 격렬함 속에서도 평온을 찾아야 진정한 삶의 의미를 깨달
을 수 있다.

사상가이자 도가道家의 시조인 노자의 『도덕경』 제76장「계강戒强」
을 보면, 이런 문장이 등장한다.

> 살아 있는 사람의 몸은 부드럽고 연약하지만, 죽은 사람의 몸은
> 굳고 단단하다. 살아 있는 만물과 초목은 부드럽고 연약하지만,
> 죽은 모든 것은 말라 딱딱하다. 그러므로 굳고 강한 것은 죽은 것
> 이고, 부드럽고 연약한 것은 산 것이다. 군대가 강하면 승리하지
> 못하고, 나뭇가지가 강하면 부러지고 만다. 굳고 강한 것은 아래
> 에 있고, 부드럽고 약한 것이 위에 있다.

> 人之生也柔弱, 其死也堅强. 萬物草木之生也柔脆, 其死也枯槁.
> 故堅强者死之徒, 柔弱者生之徒. 是以兵强則不勝, 木强則共. 强
> 大處下, 柔弱處上.

이 이야기의 결론은 지극히 단순하다. 굳어지고 딱딱해지면
죽는다는 것이다. 자신의 강함만을 믿거나 자신이 옳다고 생각하는
것만 지나치게 내세우면 부러지고 깨지는 것은 당연한 일일지도 모
른다. 승리를 쟁취하기 위한 군대도 강함만을 추구하면 자멸하게
된다. 단 한 번의 패배도 용납하지 못하기에 긴 안목으로 전략과 전

술을 풀어나갈 수 없기 때문이다. 강풍에 고목은 뿌리째 뽑혀 나가지만, 갈대는 바람을 따라 때로는 누웠다가 햇살이 비추면 다시금 제자리를 찾는다. 세상사가 극한을 꿈꾸는 무예의 대결이 아니기에 가끔은 부드러워져야 한다. 그것이 순리에 따르는 것이다.

장점은 과신하는 순간
나를 위협한다

모든 사람은 신체 구조와 성격이
다르다. 무예를 익힐 때도 기본을 배운 후에는 자신의 성질에 맞는
형태로 변화하게 된다. 신체가 장대하고 힘이 좋은 사람이 월도나
협도 같은 무거운 무기를 사용하면 그 위력은 배가 된다. 반면 신체
가 왜소하나 민첩하다면 쌍검이나 단창 등을 선택해 빠르고 경쾌한
움직임을 익혀야 무예의 완숙 속도가 빨라진다. 맨손 무예도 마찬
가지다. 힘과 덩치는 좋으나 움직임이 둔하다면 씨름이나 유도 같
은 유술기가 좋고, 왜소하지만 민첩하면 태권도나 킥복싱처럼 빠른
보법을 구사하는 무예가 적합하다. 똑같은 무예를 배운다 해도 자
신의 신체적, 성격적 특성을 살려야만 장점으로 부각될 수 있다.

자신의 몸에 최적화된 무예를 익히면 보다 빠르게 수행 결과
를 얻을 수 있다. 그러나 장점을 너무 과신하고 다른 준비를 하지 않
는다면 정체될 수밖에 없다. 전쟁을 이끄는 장수도 장점을 과신한
나머지 패배하는 경우가 대부분이다.

임진왜란 때의 일이다. 1592년 4월 물밀듯 쏟아져 들어오는 왜군에 순식간에 동래성을 비롯한 제1차 방어선이 무너졌다. 조선 군은 왜군의 북진을 방어하기 위해 제2차 방어선을 대구로 설정하고 순변사 이일李鎰을 급파했다. 적의 이동 경로를 분석해 좌측으로는 소백산맥의 죽령을 봉쇄하고 우측으로는 추풍령을 막고 주력군은 상주에서 적의 본진을 궤멸시킨다는 전략을 세웠다. 그러나 좌우는 안정적으로 막았지만, 주력군이 붕괴되는 어이없는 상황이 되었다. 왜군의 북진을 막지 못한다면 도성마저 위태로운 상태였기에 마지막 제3차 방어선을 충주에 설정하게 되었다.

이때 장수로 지목된 이는 신립申砬이다. 신립은 변방의 요충지인 함경북도 병마절도사와 우방어사를 거친 야전 사령관으로, 두만강을 건너 여진족의 근거지를 초토화시켰을 정도로 수많은 전투에서 무공을 세운 명장이었다. 신립은 적의 이동 경로를 분석하고 전술을 구성했다. 남쪽에서 충주로 들어오는 입구인 조령鳥嶺은 '새도 넘기 힘든 고개'라는 말 그대로 천연의 요새였다. 그러나 신립은 조령 방어를 과감히 포기했다. 그가 이끄는 군대는 마상 무예로 북방 여진족과의 전투에서 공을 세운 기병 부대가 핵심이었다. 이들의 장점을 조령 근처에서는 살리기 어렵다고 판단했기 때문이다.

그래서 왜군은 쉽게 조령을 넘어 너른 벌판이 있는 충주에 다

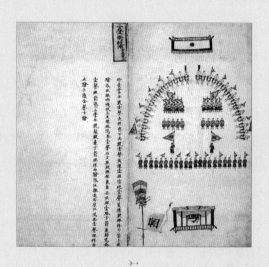

〈충무공 팔진도忠武公 八陣圖〉의 하나로 반달 모양의 언월진을 구축하고 있는 모습이다. 임진왜란이 발발하자 신립 장군은 조령 방어를 포기하고 충주에 배수진을 치고, 자신이 이끄는 부대의장점인 기병 부대로 언월진을 펼쳐 왜군을 공격했다. 하지만 왜군은 이를 파악하고 있었고, 결국 신립이 이끄는 조선군은 대패하고 말았다. 장점은 양날의 검이라 과신하는 순간 약점이 되어 돌아온다.

다랐다. 신립은 배수진을 쳤다. 그리고 절대 장점이라 믿은, 주력군인 기병을 활용해서 시야가 확 트인 벌판에 진을 구축하고 왜군을 향해 돌격 명령을 내렸다. 조선군은 초승달 모양의 언월진을 치며 질풍과 같이 전투마를 몰아 적에게 돌진했다. 그러나 왜군은 이미 신립의 장점에 대한 전술 분석을 마친 후라서 큰 요동 없이 조선군의 기병 돌격을 막아내고 반격했다. 전열을 가다듬은 조선군은 한두 번 더 공격을 감행했지만, 왜군의 조총과 창검에 무참히 전멸했다. 신립 역시 자신의 전투마와 함께 장렬히 전사하고 말았다. 도성 방어를 위한 최후의 방어선이 무너지고 도성은 함락되었고, 선조는 도성과 백성을 버리고 도망가듯 피란을 떠나고 말았다.

모든 사람은 각자 장점이 있다. 어떤 이는 머리가 좋아 높은 학문적 성취를 이루고 어떤 이는 언변이 좋아 친화력이 강하다. 혹은 술을 잘 마셔 '술 상무'의 역할로 자리를 지키는 사람도 있다. 인간도 동물인지라 철들고 나면 본능적으로 자신의 장점을 파악한다. 그 장점을 적극 활용해 승승장구하는 사람도 많다. 그러나 그 장점이 언젠가는 자신의 목을 노릴 수도 있다. 세치 혀로 흥한 자는 말로 망하고, 권력을 쥔 자 역시 헛된 권력욕 때문에 망한다.

단점이 장점이 되고,
장점이 단점이 된다

세상에 완벽한 것은 없다. 우리도 완벽하게 살고 싶지만, 수시로 한계에 부딪히며 고뇌한다. 그러나 만약 모든 것이 완벽하다면 세상을 사는 재미 또한 덜할지도 모른다. 불완전한 모습이 우리 삶의 진정한 모습이다. 무예 또한 불완전한 사람들이 만들어가는 것이기에 완벽함은 있을 수 없다. 기본적인 체력이나 신장 차이에서 발생하는 물리적인 한계는 극복하기 쉽지 않다. 그래서 수련이라는 지속적이면서도 무지막지한 신체적, 정신적 스트레스를 가하는 것이다.

예를 들면, 성인의 키는 변할 수 없다. 그것이 단점이라 해도 억지로 극복할 방법이 없다. 아직 성장판이 닫히지 않은 청소년이라면 보조 도구나 약물을 이용해서 조금이라도 한계를 넘어설 수 있겠지만, 이미 뼈가 굳어버린 성인은 키가 줄어들지 않는 것을 다행으로 여겨야 할 판이다.

작은 키가 단점이라면 그것을 한계로 둘 것이 아니라, 그에 맞는 수련으로 극복해야 한다. 단점을 장점으로 만들면 배 이상의 힘을 발휘한다. 키가 작으면 당연히 팔과 다리의 길이가 짧고 가까운 거리에서 공방을 벌여야 승산이 있다. 접근전에 집중하고 빠른 발놀림 즉, 보법을 통해 순간의 이동 거리를 단축시키면 되는 것이다. 안되면 될 때까지 수련하면 된다. 그래도 안 된다면 이미 자신의 선을 넘은 것이기에 거기에 맞는 움직임을 다시 만들면 되는 것이다.

그러나 상대 역시 그에 대응해 움직이기에 자신의 단점을 장점화하는 데는 몇 배 이상의 고통이 따른다. 그래서 수련이 힘든 것이다. 보통은 절장보단絶長補短이라 해서 자신의 장점으로 단점을 보완하는 형태로 수련하는 것이 일반적이다. 문제는 장점만 믿고 설치다가는 헤어날 수 없는 수렁에 빠지기 십상이라는 것이다. 자신이 가진 장점이 오히려 독이 될 수도 있다는 것을 늘 마음속에 박고 살아야 화를 면할 수 있다. 길흉화복은 엎치락뒤치락하면서 다가온다. 인생사 새옹지마라는 말이 바로 그 말이다.

우리나라의 전통적인 전투 전략은 청야수성전淸野守城戰이라고 해서 적이 공격해오면 먹을거리가 가득한 들판을 깨끗하게 비우고 험준한 산속의 성곽으로 숨어버리는 것이다. 국토의 70퍼센트 이상이 험준한 산이고, 인구도 적은 단점을 산성 방어라는 독특한

남한산성의 모습. 우리나라의 산성은 적이 접근하지 못하도록 산등성이를 따라 쌓았다. 그렇게 산성을 쌓고 들판을 비운 뒤 웅거했다. 이렇게 산성을 중심으로 방어하는 전략을 청야수성전이라고 하는데, 평야가 적고 산이 많으며 인구가 적은 단점을 역으로 이용한 것이다. 우리나라를 '활의 나라'라고 부르는 것도 산성 위에서 아래로 활을 쏘면 위력이 강해 즐겨 이용했기 때문이다.

시스템으로 극복한 것이다. 전투 초기 적은 날카로운 창칼을 앞세워 쉼 없이 공격하지만, 사계절이라는 기후 특성은 적을 쉽게 지치게 만든다. 한여름에는 갑옷을 입고 전투에 투입된 지 한 시간이 안 되어 파김치가 되고, 장마를 만나면 무기에 녹이 슬고 활을 굳혔던 아교는 흐물흐물해져 전투력이 반감된다. 들판의 곡식은 모두 불태워 없어졌고, 보급 물자는 떨어지고, 거기에 겨울 삭풍이 몰아치면 적은 물러갈 수밖에 없다. 전쟁 초반 사기 충만했던 적은 결국 고개를 떨구고 철군하게 된다.

바로 그때 산성에서 웅거하며 힘을 비축한 기병이 철군하는 적의 후미를 조금씩 잘라 들어간다. 군대는 진격 속도는 빨라도, 철군 속도는 느릴 수밖에 없다. 후미군이 전멸할쯤 국경을 넘게 되는데, 계속 적을 압박해 본진까지 타격을 입혀 두 번 다시 이 땅을 넘볼 기회를 주지 않았다. 그렇게 소위 백만 대군을 격파한 것이 고구려와 당나라의 전쟁이었으며, 조선시대에도 이런 전술이 가장 보편적이었다. 그래서 우리나라를 활의 나라며 기병의 나라라고 부른 것이다. 산성 위에서 아래로 화살을 쏘면 평지보다 훨씬 먼 거리의 적을 사살할 수 있으며, 철군하는 적을 따라붙으며 섬멸하는 데는 기병이 최고였기 때문이다.

단점을 장점으로 만들었지만, 장점을 맹목적으로 믿고 있다가 병자호란이라는 큰 화를 입기도 했다. 산성에 웅거하고 적의 보급선을 차단하리라고 믿었다가 주변의 산성을 봉쇄당하고 서울로 본대가 순식간에 몰아쳐 역사 이래 처음으로 왕이 무릎을 꿇고 항복하는 사건이 발생한 것이다. 단점을 장점으로 만드는 것은 정말 어려운 일이다. 그러나 그렇게 만들어진 장점 또한 영원한 것이 아니기에 늘 고민하고 고민해야 한다. 인생은 매일매일이 수련이다.

나를 속이는 것이
진짜 문제다

어떤 일을 시작할 때 다른 사람을 만나면 꼭 하는 말이 있다. 바로 새로 시작하는 일이 얼마나 어려운 일인지 아주 자세하게 설명하는 것이다. 굳이 그렇게 자세하게 설명할 필요가 없음에도 침을 튀겨가며 이야기하는 것은, 혹시 그 일이 잘못되었을 때 자신의 문제를 덮기 위해서다. 그렇게 방어적인 입장을 취하게 된다. 또 이미 흘러간 일이나 성공담을 이야기할 때도 당시 좋았던 사회 상황이나 배경은 제쳐두고 험난한 과정만 강조한다. 그래야만 자신이 이룩한 일이 쉽지 않은 일이라는 게 강조되고, 자신을 더욱 두드러져 보이게 할 수 있기 때문이다. 이는 거의 모든 인간의 공통된 속성으로, 지나간 자신의 역사에 대한 합리화의 연장선에서 해석할 수 있다.

그 과정에서 늘 등장하는 것이 '남 탓'과 '세상 탓'이다. '잘되면 내 덕이요, 잘못되면 남 탓'이라는 옛말처럼 문제의 본질을 외부로 돌리며 자신은 교묘히 빠져나가려 한다. 이를 심리학에서는 귀인오류attribution error라고 부른다. 어떤 일이 성공했을 때는 자신의 역할이나 영향은 과대평가하고, 당시 상황이나 다른 사람의 영향은 과소평가하는 경향이나 습성을 일컫는 말이다.

무예를 수련할 때도 이런 귀인오류를 범하는 일이 잦다. 자신의 수련 부족이나 이해 부족은 접어두고 오로지 스승 탓이나 연장 탓을 하는 것이다. 예를 들면 칼을 수련하며 짚단이나 대나무를 베는 훈련을 할 때, 제대로 베어지지 않는다고 칼에 분풀이를 하는 경우다. 자신이 속한 무예 단체를 떠나 신생 단체를 만들 때도 이런 변명 아닌 변명을 하는 경우가 많다. 특히 근래에 두드러지게 나타나는 신생 무예 단체들 수장 사이에서는 쉼 없이 이런 이야기가 나온다. 마치 자신이 온갖 난관을 뚫고 처음으로 협회를 만들었는데, 다른 이가 자신의 고유한 것을 낚아챈 것처럼 이야기하는 것이다. 자신만이 진정한 원조고 정통이며, 나머지는 모두 사이비라는 논조다. 모두 무예를 통해 몸 수련과 마음 수련을 올바르게 풀어내지 못했기 때문에 벌어지는 일이다.

모든 일에는 원인과 결과가 있다. 그리고 그 중심에는 반드시 내가 있다. 천재지변과 같은 불가항력적인 일도 있을 수 있지만, 다른 사람의 관계와 자신의 수련 의지가 대부분의 결과를 만든다. 문제가 발생하면 무엇보다도 자신을 먼저 들여다보고 '내 탓'을 먼저 읽어내야 문제 해결의 가능성이 높아진다. 늘 남 탓과 세상 탓만 하다가는 영원히 자신이 만든 사슬에 묶여 벗어날 수 없게 된다.

　『논어』의「자한편子罕篇」을 보면 이런 구절이 등장한다. "산을 쌓아 올리는데 한 삼태기의 흙이 모자라서 완성을 보지 못했다 해도 그 일을 그만두었으면 자기가 그만둔 것이다譬如爲山 未成一簣 止吾止也." 세상사 모든 일이 자신의 눈앞에 펼쳐지며, 그 결과도 오롯이 자신이 감내해야 하는 것이다. 자신만이 할 수 있는 일이라면 굳이 남을 탓하기보다는 자신이 먼저 한걸음 나아가 뒤에 걸어오는 사람의 손을 잡아주고 이끌어주는 것이 현명한 일인 것이다.

　누군가에게 책임을 묻고 싶다면, 높은 산에 올라가 크게 고함한번 질러 풀어내는 것이 자신의 건강에 도움이 되는 경우도 많다. '내가 하면 로맨스, 남이 하면 불륜'이라는 말이 있다. 자신의 로맨스를 아무리 멋있게 포장한다 하더라도 세상 누군가는 그 진실을 안다. 남을 속이는 것보다, 자신을 속이는 것이 문제다.

때를 기다릴 것인가, 만들 것인가?

세상 모든 것은 때가 있다. 꽃이 필 때가 있으며, 여물어 열매를 맺을 때가 있고, 두꺼운 껍질로 싸고 깊은 동면에 들어야 할 때가 있다. 때를 맞추지 못하면 꽃은 봉오리도 피우지 못하고 질 것이며, 열매는 익기 전에 말라 비틀어져 썩어 버리고 만다. 세상의 때와 나의 때를 조화롭게 풀어갈 때 튼실한 열매를 얻을 수 있다.

이렇게 때를 생각할 때, 두 가지 방법이 있다. 하나는 세상의 때를 기다리며 자신의 속을 옹골지게 채워나가는 것이다. 소위 '순리대로 풀어간다'는 것이 여기에 속한다. 문제는 세상의 순리가 쉽게 흘러가는 것이 아니라 지난한 기다림을 통해 얻어지는 것이기에 마음속에 참을 인忍 자를 수십 번 아니 수백 번을 써내야 한다는 것이다. 참을 인 자는 마음 심心 위에 날 인刃이 올라간 형국이다. 좀더 능동적으로 풀어보면 마음에 칼 하나를 찔러넣는 것이다. 그것도 자기 손으로 말이다. 자신의 심장에 칼을 박아넣어야 하니, 그 고통과 슬픔은 형언할 수가 없다. 그것이 참는 것이며 견디는 것이다. 그래야 때가 왔을 때, 마음속에 품은 칼을 뽑아 자유롭게 춤출 수 있다. 만약 그 칼을 뽑아 누군가를 베려 한다면, 그 기다림은 무의미해진다. 칼은 생명을 살리는 수술용 메스처럼 사용해야 더 큰 길이 펼쳐진다. 무예 수련에서 흔하게 듣는 인내가 바로 그런 것이다.

두 번째는 때를 기다리는 것이 아니라, 능동적으로 때를 만들어가는 것이다. 한겨울에 꽃을 피우려면 충분한 햇빛과 높은 온도가 필요하다. 몇 배의 시간과 노력을 들여 온실을 설치하고, 난로를 틀고, 조명을 켜서 한겨울에 화사한 꽃을 피워내는 것이다. 이런 방법은 때를 기다리는 것보다 수십 배, 수백 배의 노력이 필요하다. 또한 그렇게 피워낸 꽃의 생명을 유지하려면 더 큰 노력이 필요하다. 한곳에 머물러 있는 꽃이 아니라, 사람과 사람의 관계 속에서 때를 만들려면 그보다 큰 희생과 열정이 필요하다. 그렇게 능동적으로 때를 만들어 새로운 흐름을 펼치면 선구자며 영웅이 될 것이고, 일정 기간이 지나면 그것이 또 다른 순리가 될 것이다. 그러나 이러한 방법은 나를 포함한 주변 사람에게 엄청난 고통과 좌절을 줄 수 있기에 더욱 조심해야 한다.

전쟁에서도 때를 이해해야 한다. 조선시대 무과 시험의 이론 시험 주제는 대부분 때와 관련된 것이었다. 어떤 때 군사를 훈련시

군사들에게 신호를 주는 악기를 상징하는 깃발인 금기金旗다. 전쟁에서도 때가 중요했기에, 정확한 공격 혹은 후퇴 시점을 알리는 신호 체계는 무척 중요한 것이었다. 승리하기 위해서는 깃발의 작은 움직임 하나, 악기 소리 한 음이 울릴 때까지 참고 때를 기다려야 한다.

켜야 하고, 어떤 때 적을 공격해야 하는지 등 냉철한 판단력을 평가하는 질문이 많았다. 무경칠서 중 『오자병법』에는 「요적편料敵篇」이라는 적을 살피는 장이 등장하는데, 때를 찾는 방법을 기술하고 있다. 「요적편」에는 모두 15가지의 때가 등장한다. 이때 적을 공격해야 승리를 거둘 수 있다. 예를 들면, 대오가 정돈되지 않았을 때行列未定可擊, 적이 일에 시달려 지쳐 있을 때勤勞可擊, 지휘관이 병사들과 떨어져 있을 때將離士卒可擊, 공포에 떨고 있을 때心怖可擊 등이다.

그러나 상황과 때를 오판해 상대의 기만전술에 빠진다면 그 '때'는 기회가 아니라 파멸의 순간이 될 것이다. 때를 기다리거나, 때를 만들 때 반드시 필요한 것은 냉정한 판단력과 정확한 실행력이다. 늘 가슴은 뜨겁게, 머리는 차갑게 유지해야 한다. 그래야 그 '때'에 큰 웃음을 지을 수 있다.

제**7**장.

칼을 품은
무인의
마음

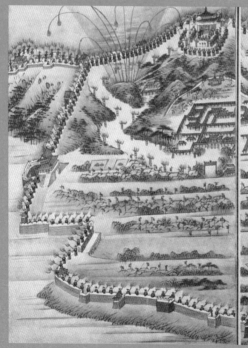

〈화성야조華城夜操〉 중 불을 들어 군세를 보여주는 〈연거도演炬圖〉,
국립파리동양언어학원 도서관 소장

정조는 화성에 행차할 때마다 갑주를 착용하고 서장대에 올라 직접 군사들을 훈련시켰다. 낮부터 밤까지 이어지는 훈련은 불야성이었고, 군사들은 물론 화성에 사는 백성들까지 모두 참여했다. 정조가 화성에 투영하고자 했던 것은 '지킴의 마음'이다. 뒤주 속에 갇혀 억울하게 죽은 아버지의 능을 지키려 했던 아들의 마음, 어린 아들이 성군이 될 수 있도록 뒷바라지해주고픈 아버지의 마음, 거기에 조선에 살고 있는 온 백성이 풍요롭고 행복한 삶을 영위할 수 있도록 해주고픈 군주의 마음이 복합된 곳이다. 정조와 화성의 핵심 연결 고리는 '사람을 향한 애틋한 마음'이다. 그 지킴의 마음을 몸으로 풀어낸 것이 무예다.

마음의
잔을 비워라

세상에는 많은 사람이 있듯 무예의 종류도 많다. 우리나라의 전통 무예부터 근현대에 도입된 외래 무예까지 수많은 무예가 존재한다. 여기에 창작 무예는 협회 이름만 바꾸어가며 일주일마다 새롭게 만들어질 정도니 바야흐로 무예의 춘추전국시대라 할 수 있다. 다양한 무예를 배워보고 싶은 수련자들의 욕망이 크고, 새로운 무예를 창시하겠다는 의지가 충만한 사람이 많아서인지도 모르겠다.

그래서 가끔 텔레비전에 나오는 무예인들을 보면 그야말로 초절정 고수가 가득하다. 태권도 4단 이상에 합기도, 특공무술, 검도, 우슈 등 도합 20~30단은 우스울 지경이다. 수련 경력으로 보면 도무지 그 엄청난 합계가 믿어지지 않을 정도다. 문제는 그 수많은 무예를 과연 어떻게 수련했는지에 있다.

모든 무예의 기본은 보법을 비롯한 신법에서 시작한다. 태권도는 독특한 주춤서기와 앞굽이 자세, 뒷굽이 자세 등으로 구성되

검 수련을 하는 모습. 모든 무예는 특징적인 보법이 있기 때문에 태권도나 합기도 같은 맨손 무예를 배운 사람이 갑자기 검도 같은 무기를 사용하는 무예를 수련하면 몸 따로 무기 따로 움직이게 된다. 기존에 배웠던 것을 버려야만 새로운 것을 채워넣을 수 있다. 비움이 선행하지 않는 배움은 제대로 된 배움이 아니다.

며 합기도나 특공무술 역시 독특한 신법이 있다. 특히 검도를 비롯한 무기를 사용하는 무예의 신법은 맨손 무예의 신법과는 딴판이다. 무기를 들었음에도 맨손 무예처럼 몸을 사용하면 몸 따로 무기 따로 묘한 움직임이 만들어진다.

특히 어떤 무예를 오래 수련한 경우 기존에 배웠던 무예의 기본이 새로 배운 무예에서도 그대로 나올 수밖에 없다. 무예 수련은 수많은 반복을 통해 의식보다 몸이 먼저 반응하도록 하는 것이기에 더욱 그러하다. 예를 들면 태권도를 10년 이상 제대로 수련한 사람은 태권도형 보법과 신법이 완성된다. 그런 사람이 검을 비롯한 무기술을 수련하면 부지불식간에 태권도의 신법이 나온다. 보법을 비롯한 신법은 태권도인데, 무기술의 투로를 연마하는 것처럼 보인다. 자신의 잔을 비워내지 못했기 때문이다. 기존에 배웠던 것을 버려야만 새로운 몸 쓰임을 배울 수 있는데, 동작의 연결인 투로를 모두 암기했다고 무예를 완성한 것처럼 느끼는 경우가 비일비재하다. 만약 그 사람이 배워온 모든 무예를 몸으로 구별하며 깨달았다면 진정한 고수라 칭찬받아 마땅하나, 그런 사람은 1,000명에 1명, 혹은 1만 명에 1명 나오기 힘들다.

이와 관련해 전해오는 옛이야기가 하나 있다. 옛날에 어떤 유학에 심취한 선비가 공부를 하다가 우연히 불경을 접하게 되었다. 유학하는 사람들은 불교 경전 보는 것을 금기시하는 경우가 많았다. 그 선비는 주변의 시선을 피해 깊은 산속에 은거해 도량을 닦는 노스님을 찾아 이렇게 물었다.

"스님, 선禪이란 무엇입니까?"

그러고는 자신이 공부한 사서삼경을 읊으면서 선에 대한 유학적 입장을 주구장창 풀어냈다. 그때 노스님은 선비 앞에 작은 찻잔을 놓고 주전자를 들어 잘 우려낸 차를 따르기 시작했다.

또로록…… 주전자에서 떨어지는 차 소리는 향기처럼 그윽했다. 그런데 찻잔이 차고 넘치는데도 노스님은 계속 차를 잔에 붓는 것이었다. 선비가 깜짝 놀라며 노스님을 제지하려 했다. 그때 노스님은 이런 말을 해주었다.

"꽉 찬 잔에는 아무것도 채울 수 없습니다."

아뿔사, 그 선비는 뒤통수를 얻어맞은 듯한 느낌이었다. 자신이 배운 유학 지식으로 불교에서 말하는 '선'을 이미 재단했음을 알아챘기 때문이다.

무예를 배울 때, 아니 세상만사 모든 것을 배울 때 이런 '빈 잔의 마음'을 쉼 없이 되새기지 않으면 아무런 깨우침을 얻을 수 없다. 깨우친다 한들 자신의 것이 아니게 된다. 꽉 찬 잔에는 아무것도 채울 수 없는 법이다. 혹자는 자신의 잔을 비우는 것을 자존심을 비롯해 자신의 근본을 해치는 것이라 생각하기도 한다. 그러나 잔을 비움으로써 자기 잔의 크기가 더 커진다는 사실을 조금만 시간이 지나도 깨닫게 된다. 제대로 비울 때 그릇이 커진다. 잔을 채워야 할 때와 비워야 할 때를 깨닫는 것이 수련이다.

지루함을 즐기는 일,
느림의 미학

　　　　　　　　세상은 소위 'LTE 급'으로 빠르
게 변화하고 있다. 언제 어디서나 원하기만 하면 반가운 사람의 얼
굴과 목소리를 접할 수 있다. 그렇게 우리는 일상에서 과학기술의
발전에 따라 '빠름'을 말하며 단 한순간의 망설임도 없이 그 흐름을
온몸으로 마주하고 있다. 발전한 과학기술의 혜택 중 하나인 의료
기술의 발달로 평균수명이 과거보다 수십 년 늘어났으니, 좀더 길
게 그 빠름을 즐길 수 있게 되었다.

　　무예도 상대보다 빠르게 사고하고 움직이기 위해 빠르게 진
화를 거듭한다. 수련을 거듭할수록 눈이 빨라지고, 몸이 빨라지고,
무기의 속도가 빨라진다. 사방팔방에서 빨라지기 위해 쉼 없는 경
주하다 보니, 우리는 그 격류에 휩쓸려 살아가고 있다고 해도 과언
이 아니다. 세상이 그렇게 빠르게 돌아가니 우리 마음도 LTE 급으
로 무언가를 판단하고 실행하려 한다. 그 빠름의 이유와 적정성을
사고할 여유도 없이 그저 시류에 편승할 수밖에 없는 현실이 도처

에서 기다린다.

그러나 세상만사는 '0'에서 시작한다. 멈추어 있는 것이 움직이기 위해서는 천천히 가속도를 붙이며 서서히 속도를 올려야 무리가 없다. 세상은 빠르게 돌아가는데, 우리의 삶은 여전히 느리기에 잠시 한눈을 판다면 나와 세상은 천리만리로 느껴질 때가 많다. 그리고는 그 간극을 두려워하며 현실에 좌절하고 포기해버린다.

무예를 수련할 때 기본은 '지루함을 즐기는 것'이다. 수천 번 아니 수만 번 반복을 통해 천천히 몸과 마음의 속도를 올려야 한다. 고작 몇 번 혹은 몇 년을 수련한 것으로 무예의 모든 것을 느낄 수 없는 것이다. 무예에서 지루함을 즐기는 일은 숙명과도 같다. 그 지루함을 음미하고 풀어갈 때 무예의 참맛을 느낄 수 있다. 만약 그 지루함을 즐기지 못하면 수련복을 벗어야 하고, 무기를 내려놓아야만 한다.

책을 읽을 때도 이런 경험을 자주 하게 된다. 처음에는 호기롭게 책을 한 권 사고, 몇 쪽을 넘기지만 으레 반도 못 가서 책을 덮어버리고 다시는 그 책을 잡지 못하는 경우가 허다하다. 책 읽기를 비롯한 모든 공부 역시 지루함을 바탕에 깔고 풀어가야 답이 보이기 시작한다. 초심자들이 배움에 대한 갈망도 크더라도, 지난한 수련의 과정을 천천히 익히게 하는 것이 지도자의 역할이고 그것이 참 스승이다.

『논어』에 이런 내용이 등장한다. 공자의 제자인 자하子夏가 노나라의 작은 지역인 거보莒父라는 곳의 관리자가 되어 스승에게 질문했다. "스승님, 이 지역을 어떻게 다스려야 할까요?" 그러자 공자가 이렇게 말했다. "빨리 무언가를 하려고 들지 말고 작은 이익을 보려고도 하지 마라. 빨리 하려고 들면 도달하지 못하고, 작은 이익을 보려고 하면 큰일을 이룰 수 없다無欲速 無見小利 欲速則不達 見小利則大事不成." 우리가 쓰는 욕속부달欲速不達이라는 말이 여기에서 나왔다.

공자의 대답은 많은 내용을 담고 있다. 무언가를 성급하게 하면 자신이 원하는 지점에 도달하기도 전에 지쳐버리고 만다. 다른 사람들과 함께 일을 도모할 경우 내가 힘껏 앞에서 끌어도, 함께 풀어갈 사람들이 지쳐버리면 더는 한 걸음도 나아갈 수 없는 지경에 이르고 만다. 나와 나를 둘러싼 세상의 속도를 적정하게 유지해야 한다.

지루함을 즐기는 일은 느림의 미학을 이해하는 것이다. 그 미학의 본질은 내 안의 중심 잡기에서 시작한다. 세상의 빠름과 내 안의 여유로움을 적정히 읽어내고 풀어갈 때 내가 세상의 어느 부분에 서 있는지 제대로 알 수 있다. 그렇게 내 위치를 확인하면 그때 비로소 세상과 속도를 맞출 수 있게 된다. 인생이라는 긴 여정의 시작은 동일하지만, 그 결승점에 있는 것은 각자 다르기 때문이다. 조금 빠를 수도 있고, 조금 늦을 수도 있지만 묵묵히 자기 길을 걸어간다면 '누구나' 자신이 원하는 세상에 도달할 수 있을 것이다. 그러나 그 지루함을 즐기지 못한다면 '아무나' 그 경지에 도달하지 못할 것이다.

섬세함이
실력이다

보통 사람들은 '무예'라는 단어를 떠올리면 신체에서 뿜어 나오는 강력한 힘과 빠른 속도를 연상한다. 그러나 무예에는 힘과 속도도 중요하지만 더 중요한 것은 바로 섬세함이다. 만약 무예를 수련하는데 섬세함을 뒤로하고 오로지 힘이나 속도에 의존하게 되면 말 그대로 힘자랑하는 싸움꾼의 기술로 전락하고 만다.

처음 무예를 수련할 때에는 멈추어 있는 물체를 손이나 발로 타격하거나 칼이나 봉으로 공격하는 기법을 수련한다. 초보 수련생은 어깨나 허리에 힘을 잔뜩 주어서 세고 빠르게 물체를 공격하려 하기에 자세가 부자연스럽고 제대로 공격 지점을 맞추기도 어렵다. 수련 기간이 길어짐에 따라 어깨와 허리의 힘이 빠지면서 섬세하고 정확한 움직임이 만들어진다.

그런데 멈추어 있는 무생물을 어느 정도 정확하게 타격한다고 해서 실전에 바로 활용할 수 있는 것은 아니다. 대적하는 상대는 살아 있는 생명체로 쉼 없이 움직이며 내 동작에 따라 반응하기에 더욱 신중하게 움직여야 한다. 갓 초보를 벗어난 수련자가 실제 상대와 겨루게 되면 긴장감으로 쓸데없이 어깨나 허리에 힘을 주어서 섬세하게 타격하지 못하는 경우가 많다.

힘과 속도가 아무리 충분해도 정확하게 타격하지 못한다면 말 그대로 무용지물이고, 자신의 체력만 소진하는 것이다. 눈에 보이는 상대의 움직임에 현혹되어 갈고닦은 실력을 제대로 표현하지 못하기 때문이다. 섬세함은 대상에 따라 움직임의 속성과 흐름을 제대로 파악할 때 가능한 것이다.

'꿈속의 나비와 나'라는 이야기로 잘 알려진 고대 중국 도가 사상가 장자莊子가 남긴 글을 보면 섬세함이 얼마 중요한지 쉽게 알 수 있다. 『장자』 중 사람의 몸을 기르고 생명을 지키는 방법을 논하는 「양생주편養生主篇」을 보면 포정해우庖丁解牛라는 글이 실려 있다. 그 내용은 이렇다.

한 신분 높은 이가 우연히 백정이 소 잡는 것을 목격하게 되었다. 그 백정이 손을 움직이는데 어깨에 힘을 주고 발로 땅을 밟고 무릎을 한 번씩 굽힐 때마다 칼질하는 소리가 쓱싹쓱싹 울려 퍼져 음악의 가락에 맞았다. 분명히 시퍼렇게 날이 선 큰 칼을 잡고 소를 잡는데 동작은 아름다운 춤과 같았고, 고기를 절단하며 내는 소리는 악기를 연주하는 듯했다. 백정에게 실력이 훌륭하니 도대체 어떻게 그 경지에 다다를 수 있었는지 묻자, 백정은 칼을 내려놓고 내력에 대해 자세히 설명했다.

그가 말하길, 처음 일을 시작했을 때는 소의 겉모습만 보았다가 3년이 지나자 눈에 의지하지 않고 오로지 마음으로 일을 풀어가기 시작했다고 했다. 그러자 모든 감각기관은 멈추고 마음만 움직였다는 것이다官知之而神欲行 依乎天理. 보통 백정은 칼이 무뎌져 한 달에 한 번씩 칼을 바꾸는데, 자신은 뼈는 물론이고 힘줄이나 근육의 형태까지도 살펴 칼을 쓰기에 19년 동안 칼을 바꾸지 않고 수천 마리의 소를 잡았다고 했다. 이 말을 들은 이는 "훌륭하구나. 그대의 말을 듣고 나는 삶을 기르는 법도를 알게 되었다善哉 吾聞庖丁之言 得養生焉"라고 하며 백정의 섬세한 움직임을 극찬했다.

이 이야기에 등장하는 백정은 말 그대로 섬세함의 절정을 보여준다. 무턱대고 힘으로 칼을 썼다면 소 한 마리를 도축하기도 전에 이미 칼은 이가 다 나가고 무뎌졌을 것이다. 백정은 무예 수련을 오래한 고수처럼 오랜 반복 속에서 뼈와 근육을 읽는 섬세한 심안心眼을 얻은 것이다. 그래서 그의 칼질이 자유로운 춤처럼 보였던 것이다.

세상을 살아갈 때도 이런 섬세한 눈길과 손길이 필요하다.

밖으로 드러나는 움직임에 현혹될 것이 아니라, 그 본질에 의문을 던지고 깊이 있는 사색을 통해야만 비로소 생각의 자유를 얻을 수 있다. 우리의 삶도 눈에 보이는 것이 전부는 아니다.

'왜'라는
질문이 만드는 무예

무예 수련의 기본은 같은 자세를 반복하는 것이다. 처음에는 어설프지만, 같은 동작의 반복을 통해서 더 빠르고 정확한 자세를 만들 수 있다. 따라서 치열하게 수련한다면, 어제의 자세와 오늘의 자세는 다를 수밖에 없다. 만약 어제의 몸짓과 오늘의 몸짓이 같다면 그것은 퇴보하는 것일지도 모른다.

무예 수련은 흐르는 강물에 배를 띄우는 일이다. 쉼 없이 노를 젓지 않으면, 나도 모르는 사이에 저 멀리 흘러가버리고 만다. 정확한 움직임과 목표 의식이 없다면 배는 앞으로 나아가지 못하고 종국에는 난파선처럼 표류하게 된다. 좋은 스승은 물살이 거칠수록 빛이 난다. 온 힘을 다해 물길을 거슬러 오를 때 좀더 빠르고 안정적으로 배를 움직일 수 있도록 안내해주는 이가 좋은 스승이다. 이러한 스승의 차별화된 가르침을 노하우knowhow라고 부른다. 어떻게 난관을 극복해야 하는지 답을 전수해주는 것이 스승인 것이다. 좋은 스승을 만나면 더 빠르게 무예의 요체를 이해할 수 있게 된다. 스승이 그것을 깨닫는 데 10년이 걸렸다면, 제자는 2~3년 안에 그 경험을 전수받을 수도 있다.

하지만 아무리 스승이 뛰어나도 수련생의 그릇에 담을 수 있을 만큼만 부어줄 수 있다. 만약 수련생의 그릇이 변하지 않는다면 더는 채워줄 수 없다. 그릇의 크기뿐만 아니라 형태에 따라 채워줄 수 있는 내용 또한 달라진다. 어제까지 원형 그릇에 내용물을 채워주었다고 할지라도, 그릇의 모양이 삼각형으로 변하면 바뀐 형태에 맞게 전수하게 된다. 또한 사람마다 신체 능력과 수련의 양이 다르기에 스승이 같은 가르침을 전해준다 하더라도 결과물은 서로 다르다. 심지어 의도적으로 수련의 체득 상태에 따라 다르게 가르치는 스승도 있다. 일종의 시험이며 변화의 가능성을 살피는 것이다.

무예 수련자에게 가장 필요한 것은 노하우가 아닌 '노와이 knowwhy'다. 왜 그렇게 변화했는지에 대한 물음 없이 수련을 진행하면 실력은 늘지 않는다. 육하원칙이라는 말이 있다. '누가 · 언제 · 어디서 · 무엇을 · 어떻게 · 왜'라는 질문에 정확하게 대답할 수 있어야 글의 사실성을 높일 수 있다. 이 중에서 '왜'를 제외한 나머지는 사실적인 것으로, 제3자의 눈으로도 확인이 가능하다. 그러나 '왜'에 해당하는 내용은 마음속에서 저마다 다른 방식으로 만들어지기에 명확하게 설명하기 어렵다. 심지어 당사자도 입으로 내뱉은 내용과 본심이 다를 수 있기에 '왜'를 완전하게 이해하기는 불가능하다.

수련의 공이 높아질수록 스승이 채워주는 내용에 '왜'라는 질문을 던져야 한다. 그러지 못하면 더 새로워질 수 없다. 주먹을 한 번 지르거나, 칼을 한 번 뿌리는 동작에도 '왜'라고 질문하고 의미를 찾지 않으면 그저 단순한 노동이 되어버린다. 한 자세, 한 호흡도 의미를 새기고 풀어가야만 목표에 도달할 수 있다. 그래서 제자 100명을 제대로 가르치면 100명의 움직임은 같으면서도 다르다고 한다. 이를 법고창신法古創新이라는 말로 설명하기도 한다. '옛것을 바탕으로 새 것을 창조한다'는 뜻이다. 스승에게 배운 것을 그대로 익히는 것에 머물지 않고, 또 다른 해석을 통해 새로운 세상을 열어가는 것을 말한다.

비단 신체 학문인 무예에만 해당하는 이야기가 아니다. 문학이나 예술을 비롯한 모든 영역에서 동일하게 적용된다. 아무리 천재적인 소질이 있다고 해도 발전적 고민이 없으면 어찌 새롭다고 할 수 있을 것인가? 그래서 새로움은 어렵고 힘든 일이다. 만약 새롭다는 생각이 들지 않으면 퇴보하고 있는 것이다. 인간은 생의 시간이 끝날 때까지 쉼 없이 새로움에 도전할 때 비로소 자유로워진다.

상대를 인정하고
상대성을 이해하라

모든 무예는 상대성을 바탕으로 만들어졌다. 상대의 움직임을 적절하게 통제하거나 무너뜨릴 수 있도록 수많은 가능성을 염두에 두고 체계화한 것이 무예다. 보다 빠르게 상대에게 충격을 주기 위해 근접해서 주먹을 사용하는 것으로 체계화하거나, 단 한 번의 충격으로도 적을 제압할 수 있도록 발 기술을 보강하는 식이다. 상대의 주먹이나 다리를 똑같이 타격하는 것이 아니라, 몸을 밀착해 제압하는 유술로 발전하기도 했다. 이렇게 다양한 파해법破解法으로 상대의 공격을 무력화하는 것이 무예의 기본이다.

무기를 활용한 무예 역시 상대의 움직임에 따라 다양한 각도로 칼로 베거나 창으로 찌르는 등의 방법이 만들어졌다. 상대보다 짧은 무기를 사용할 때는 어떻게 해야 상대의 긴 무기를 무력화할 수 있을지 고민하는 식이다. 무예는 그렇게 정립된다. 그래서 가장 빨리 무예의 핵심을 파악하고 움직임을 이해하는 방법은 직접 상대와 몸 또는 무기를 맞대는 겨루기나 교전이다.

이런 이유로 무예를 배울 때 가장 먼저 익히는 것이 안법眼法 즉, 상대를 바라보는 법이다. 상대의 기술이 아무리 현란하고 빨라도 그 움직임을 제대로 볼 수 있다면 부처님 손바닥 안이다. 단순히 상대가 만드는 큰 움직임에 주목하는 것이 아니라, 움직임의 근원이 되는 몸의 변화 혹은 기운의 변화를 읽어내는 것은 심안心眼 즉, 마음의 눈이라고 한다. 상대가 불같이 공격하면 똑같이 불로 맞설 수도 있지만, 반대로 불의 핵심에 물을 부어 꺼버릴 수도 있는 것처럼 눈과 마음으로 상대를 읽는 것이다.

초보 수련자들이 가장 쉽게 범하는 실수가 바로 상대의 움직임을 전혀 읽지 못하고 자신만의 움직임을 만드는 것이다. 상대가 빠르면, 그 빠름에 맞서 나의 흐름을 변화시켜야 하는데, 초보자들은 상대의 흐름을 이해하지 못하고 자신이 배운 방식대로만 대응하려 하기에 문제가 생긴다.

모든 것이 상대적이기에 나의 변화는 곧 상대의 변화로 이어진다. 쉼 없이 주고받는 공격과 방어는 곧 상대의 변화를 읽고 흐름을 쫓아가는 과정이다. 고수는 공방의 흐름 자체를 자신의 움직임으로 풀어내고 이끌어가는 사람이다. 오랜 수련을 통해 상대의 움직임을 정확하게 읽어내고, 상대를 완벽하게 이해하기에 가능한 움

장창과 많은 창날이 있는 긴 낭선, 짧은 환도와 등패를 든 병사들이 함께 진형을 이루어 공격하는 모습. 전투 현장에서 길고 짧음은 상황에 따라 달라진다. 때로는 긴 것이 유리하고, 때로는 짧은 것이 유리하다. 상대를 인정하고 그 움직임을 이해하며 상대에 따라 변화할 수 있어야 맞서 싸우는 것도, 나를 보호하는 것도 가능하다.

직임이다. 이는 상대를 인정하고 그 움직임에 의미를 부여하기 때문에 가능하다.

부, 지위, 명예를 비롯한 세상살이는 모두 상대적이다. 그 상대성을 이해하거나 인정하지 못하면 자신만의 독선과 아집에 똘똘 뭉친 사람으로 변한다. 『도덕경』에는 상대성에 대해 이런 구절이 있다. "세상 모두가 아름다움을 아름다움으로 알아보는 자체가, 추함이 있다는 것을 뜻한다. 착한 것을 착한 것으로 알아보는 자체가, 착하지 않음이 있다는 것을 뜻한다斯不善已 故有無相生 天下皆知美之爲美 皆知善之爲善." 아름다운 것, 착한 것도 아름답지 않고 착하지 않은 것이 있기에 상대성에 따라 이름 붙여진 것이다. 그 상대성을 이해하지 못한다면, 아무리 아름다워지려고 하고 착해지려 해도 만족하지 못하게 된다.

무예에서도 상대를 인정하고 그 움직임을 이해해야만 비로소 자유로운 몸짓이 가능하다. 상대의 변화를 이해하지 못한다면, 그저 혼자 움직이는 것, 의미 없는 몸짓에 불과하다. 세상살이 또한 마찬가지다. 부든 권력이든 제아무리 가득 채우고자 해도 신이 아닌 이상 완벽하게 채울 수 없다. 다른 사람과의 관계 속에서 서로 인정하고 조화로움을 추구하는 것이 진정 인간다운 모습이다.

멈출 수 있어야
움직일 수 있다

무예 수련에서는 늘 빠름을 추구
한다. 상대보다 먼저 생각하고, 먼저 움직여야만 이후의 상황을 원
하는 대로 풀어갈 수 있기 때문이다. 그래서 상대의 눈빛 변화나 작
은 어깨의 움직임 하나도 빼놓지 않고 주시하는 것이다. 그러나 모
든 움직임은 멈추는 데서 시작한다. 주먹을 한 번 뻗어내거나 칼을
한 번 휘두른다 해도 멈춤에서 시작하는 것이다. 이를 '정중동靜中
動'이라고 표현하기도 한다.

고요한 호숫가에 한가롭게 떠 있는 고니는 별다른 움직임이
없어 보이지만, 물 위에 안정적으로 떠 있기 위해 쉼 없이 발을 휘젓
는다. 무예도 팽팽한 긴장감을 끊어 내듯 멈추었던 몸이 상대의 반
응과 함께 움직일 때 그동안 수련해온 모든 움직임이 펼쳐진다. 표
면적으로는 조용하고 움직임이 없지만 내면에서는 부단히 움직이
는 것, 그것을 위한 쉼 없는 수련을 표현하는 말이 정중동이다. 이러
한 긴장감 속에서 상대와 몸을 맞대고 나면 승패의 여부를 떠나 희

열을 느끼게 된다.

무예는 멈출 수 있을 때 비로소 움직일 수 있다. 그리고 그 멈춤의 의미를 알 때 즐길 수 있게 되는 것이다. 무예 수련자가 기본기를 수련할 때 가장 먼저 배우는 것이 주먹을 멈추는 것이고, 칼을 멈추는 법인 것은 이 때문이다. 내 칼을 멈추지 않으면 결코 다음 동작을 펼칠 수 없고, 내 주먹을 멈추지 않으면 다음 공격을 풀어낼 수 없다. 그래서 초보 수련자들이 가장 혼란스러워 하는 것이 언제 멈추고 언제 다시 움직이는지다. 상대의 공격 흐름을 어디에서 멈추게 하고 내 공격 지점을 어디로 삼느냐를 쉼 없이 몸과 몸을 통해 익히는 것이 무예 수련이다.

멈추지 못한다면 허우적대다가 말 그대로 제풀에 지쳐 나가떨어지게 된다. 아니면 보여주기 식의 화려한 동작 모음으로 실전과는 거리가 먼 움직임이 만들어진다. 이러한 화려한 움직임을 화법花法이라고 부른다. 자세는 크고 화려하지만 보여주기 식으로 흘러버려 무예의 본질인 상대와의 조화는 무시하고 관객과의 만남만 남게 되는 것이다. 화법은 자신의 몸을 멈추지 못하기 때문에 나오는 것이다.

무예에 맞게 몸을 멈추기 위해서는 쉼 없는 연마 과정이 필요하다. 연마 과정의 핵심은 멈추는 법이다. 그러한 수련의 반복과 깊이를 한자 성어로는 절차탁마切磋琢磨라고 한다. 『논어』의 「학이편學而篇」을 보면 이러한 내용이 등장한다.

자공이 물었다. "가난하더라도 남에게 아첨하지 않으며, 부자가 되더라도 교만하지 않는다면, 어떻습니까?" 공자가 말했다. "좋긴 하지만, 가난하면서도 도를 즐길 줄 알고, 부자가 되더라도 예를 좋아하는 것만 못하니라."

자공이 물었다. "『시경』에 '뼈나 상아를 잘라서 줄로 간 것切磋처럼 또한 옥이나 돌을 쪼아서 모래로 닦은 것硏磨처럼 밝게 빛나는 것 같다'고 한 것은 이것을 말하는 것입니까?"

공자가 대답했다. "사(자공)야, 이제 너와 함께 『시경』을 말할 수 있게 되었구나! 과거의 것을 알려주면 미래의 것을 아는구나."

子貢曰 "貧而無諂, 富而無驕, 何如?" 子曰 "可也. 未若貧而樂, 富而好禮者也."

子貢曰 "詩云 '如切如磋, 如琢如磨' 其斯之謂與?"

子曰 "賜也, 始可與言詩已矣! 告諸往而知來者."

이 대화에서 알 수 있듯이 군자는 절차탁마를 통해 어떠한 상황에서도 쉼 없이 자신을 갈고닦아 예와 도를 즐길 줄 알게 된 사람이다. 그렇게 되기 위해서는 현실을 이해하고 그 안에서 풀어가는 지혜가 필요하다. 무예도 수련을 즐길 수 있으려면 우선 현재의 상황인 '멈춤의 의미'를 알아야 한다. 멈추어야 비로소 보이기 시작하며, 멈추어야 비로소 움직임의 의미를 알 수 있다.

무예 수련과 힐링의
목적은 같다

무예를 수련할 때 늘 염두에 두
어야 하는 것이 바로 거리다. 무예 수련은 혼자서도 할 수 있지만 종
국에는 누군가와 대적해 주먹이나 무기를 겨루어야 하기에 상대와
의 거리는 승패와 직결된다. 각각의 무예는 추구하는 원칙에 따라
멀고 가까움을 조절한다. 예를 들면 태권도는 일반적인 맨손 무예
보다 먼 거리에 상대를 두고 펼친다. 이는 발차기를 중심으로 발전
하면서 생긴 특성이다. 반면 무에타이를 비롯해 주먹을 함께 사용
하는 무예는 상당한 근접전을 펼쳐야 하며, 유도나 씨름은 상대방
과 몸을 맞붙여야 기술이 가능한 형태로 발전한 경우다. 반대로 무
기를 활용하는 무예는 거리가 상대적으로 멀다. 무기의 길이만큼
상대와의 거리가 멀어지기 때문이다. 만약 그 거리 안으로 들어오
면 사용하는 무기에 공격을 받게 된다.

무예에서의 거리는 개인의 신체 특성에 따라 변하기도 한다.
키가 작고 왜소한 사람은 주로 근접전을 추구하고, 팔과 다리가 길

칼을 맞댄 상대와의 거리는 한 생명과 또 한 생명의 거리와도 같다. 이찌 보면 삶과 죽음이
종이 한 장 차이밖에 나지 않는 것이다. 무예에서 거리는 내 신체적 특징, 상대의 신체적 특
징, 들고 있는 무기와 수련한 내용에 따라 달라진다. 거리에 따라 공격과 방어가 달라지며,
물리적인 거리와 시간의 거리가 달라진다. 이런 복합적인 시공간 개념을 간합이라고 한다.

면 상대와 어느 정도 거리를 두고 맞서게 된다. 또한 상대의 특성을 파악하고 대처하기 위해 상대와의 거리를 조정하기도 한다. 무예에서는 멀고 가까움 따라 공격과 방어가 변한다. 물리적인 거리에 공방의 과정 속에서 발생하는 시간의 거리가 더해지면서 적절한 공격의 '타이밍'을 찾게 되는 것이다. 무예에서는 이러한 시공간의 개념을 복합적으로 함축해 '간합間合'이라고 부르기도 한다.

세상을 살아가면서 보면, 단순히 물리적인 거리뿐만 아니라 심적인 거리의 변화로 문제가 생기기도 한다. 예를 들면 언쟁을 벌이는 두 사람의 목소리는 싸움이 격화할수록 커진다. 코앞에서 얼굴을 맞대고 있음에도 목소리는 상대방을 굴복시켜야 한다는 듯 커진다. 반면 사랑하는 사람과 나누는 대화는 누군가 들을까봐 소곤소곤 속삭인다. 목소리는 사라지고 눈빛만으로 의사소통하는 단계로 발전하기도 한다. 심지어 이역만리 떨어져 있어도, 사랑하는 사람끼리는 마음이 통하기도 한다.

사람과의 관계에서 중요한 것은 물리적인 거리가 아니라 심적인 거리다. 언쟁을 벌이는 사람들의 목소리가 커지는 본질적인 이유는 상대방이 자기 이야기를 듣지 않고 있다고 판단하기 때문이다. 조금이라도 더 큰 목소리로 이야기해야 상대가 들어줄 것이라는 강박관념의 표출이기도 하다. 가까운 곳에 있음에도 상대가 내

이야기를 듣지 않는다고 판단하는 것은 상대와 내 마음의 거리가 멀기 때문이다. 반대로 사랑하는 사람과의 대화는 아주 작은 소리, 심지어 눈빛만으로도 가능한 것은 물리적 거리를 넘어 마음을 통해 소통하기 때문이다. 무예에서도 고수는 몸이나 무기를 몇 번 겨루지 않고도 상대의 실력이나 능력을 간파한다. 지극한 수련을 통해 상대의 실력을 가늠할 수 있는 소통의 기술을 터득했기 때문이다.

세상이 점점 더 빠르게 돌아가고, 그 안의 사람들도 일상에 파묻혀 개인의 삶에만 집중하면서 소통은 갈수록 부족해지고 있다. 그래서 각종 매체에서 '힐링healing'이라는 말이 쉼 없이 쏟아져나오는 것이다. 물리적 거리에 관계없이 다른 사람과 자유롭게 소통하고 싶다는 의지의 표현이다. 무예를 수련하듯 쉼 없이 거리를 조정하며 마음의 거리를 좁히는 일이 시급한 때다. 그러한 소통의 마음을 수련하는 것이 본질적인 힐링이다.

단칼에 벤다고
칼이 아니다

칼을 한 번 잡아본 사람은 칼에 '로망'을 갖게 된다. 큰 칼을 멋지게 뽑아 시원하게 무언가를 싹둑 잘라보고 싶은 환상을 품는다. '칼을 뽑았으면 썩은 무라도 베어야 한다'는 말이 있는 것처럼, 칼을 쥐면 멋지게 휘둘러보고 싶은 것이 사람의 마음이다. 그러나 실전에서는 아무리 고수라도 한칼에 상대를 두 동강 낼 수 없다. 이유는 단순하다. 동작이 클수록 공백이 생겨 방어가 취약하기에 쉽게 움직임을 만들 수 없다.

맨손 무예도 마찬가지다. 아무리 발차기 능력이 뛰어나도 영화처럼 하늘을 가르는 멋진 상단 발질 한 번으로 상대를 무력화하는 것은 불가능에 가깝다. 크게 휘두르는 주먹 역시 무모한 움직임이다. 작은 주먹, 짧은 주먹, 작은 발질, 짧은 발질을 교묘하게 섞어내다가 결정적인 순간에 큰 한 방을 뻗어내는 것이다.

검법에서는 크게 한칼을 베는 것을 씻어낸다고 해서 세법洗法이라고 표현한다. 우리말로는 '베기'라고 한다. 베기는 짚단이나 대

큰 칼을 뽑아 무언가를 크게 베어내는 것은 많은 사람이 갖고 있는 '로망'이자 환상이다. 하지만 베어내는 것이 칼의 전부는 아니다. 또한 베기 전후 움직임과 호흡을 조절하지 못하면 의미 없는 몸짓이 된다.

나무를 두고 연습하곤 한다. 그런데 세법 즉 베기는 동작은 크고 멋있지만, 말 그대로 화려한 모양 만들기에 가깝다. 작고 짧은 움직임은 격법擊法이나 타법打法 혹은 압법壓法이나 접법接法이라고 부른다. 크게 베기 위해서는 격법이나 타법 혹은 접법을 적절하게 배치해야 한다. 그래야 제대로 된 타이밍을 얻을 수 있다.

특히 전통시대에는 전투에 투입되면 반드시 방호구를 입었다. 갑옷은 창칼에 몸이 다치지 않도록, 단단한 철을 비롯해 가죽이나 옷감 여러 겹을 덧대서 만들기 때문에 이를 뚫고 단칼에 적을 두 동강 낸다는 것은 불가능에 가깝다. 실제로 겨울 외투를 짚단에 덮어씌우고 크게 한칼 내려 베도 결코 단번에 두 동강 나지 않는다. 사극 드라마에서처럼 주인공이 휘두른 칼에 적군이 추풍낙엽처럼 쓰러지는 것은 일어날 수 없는 일이다.

전투 현장에서 칼을 쓴다는 것은 상대의 목숨을 취하는 일이다. 내 목숨이 귀한 만큼 상대의 목숨도 귀한 법이라 실력이 있건 없건 공방은 전력을 다하게 된다. 그렇기에 단번에 목숨을 내어주는 일은 없다. 이런 이유로 검술 수련에서 크게 베는 기법이 전부는 아니다. 작게 치거나 짧게 때리는 기술뿐만 아니라 상대와 밀착한 상태에서 칼을 상대의 몸에 붙이고 눌러내리거나 긁어내리는 기술 등 다양한 기술을 섭렵해야만 제대로 된 한칼을 풀어낼 수 있다. 크고 넓은 수련을 해야 투쟁의 현장에서 살아남을 수 있다. 그래서 수련은 바다에 비유할 수 있다.

큰 강물만 바다로 가는 것이 아니다. 좁은 논두렁 물도, 산속 계곡물도 모두 모여 바다로 간다. 바다는 이 물 저 물을 가리지 않고 모두 받아주기에 '바다'가 되는 것이다. '바다'가 '바다'인 결정적인 이유는 가장 낮은 곳에 존재하기 때문이다. 세상에서 가장 낮은 물이 바닷물인 셈이다. 노자는 물에 대해 이런 말을 남겼다. "최상의 선은 물과 같다. 물은 만물을 이롭게 하지만 서로 다투지 아니하고, 사람들이 싫어하는 곳에 거처하기 때문에 도에 가깝다上善若水 水善利萬物而不爭 處衆人之所惡 故幾於道." 조화와 겸양의 미덕을 물을 통해 밝힌 것이다.

유학에서는 사람으로서 갖추어야 할 4가지 마음으로 인仁·의義·예禮·지智에서 우러나오는 사단四端을 이야기한다. 이 역시 낮음에서 출발한다. 어짊과 의로움과 예의와 지혜는 상대에 대한 배려와 자신의 낮춤을 한 번 더 고민하고 풀어낼 때 가능하다. 원칙은 자신의 그릇을 제대로 채워낼 때 빛을 발하는 것이고, 사람을 가리지 않고 근본과 원칙에 충실할 때 힘을 받는 것이다. 칼을 잡고 수련하는 것 역시 마음 수련이 근본이며, 이러한 '바다'의 마음을 이해할 때 비로소 제대로 된 한칼이 만들어진다.

제8장

배우고
수련하니 기쁘지
아니한가

〈활 공부허고〉

1880년대부터 1900년 초기 개화기에 활동한 풍속화가 기산 김준근金俊根의 그림이다. 당시에도 활은 고수와 하수를 가리지 않고 '배우는 것'이라고 했다. 활 좀 쏜다고 으스대다가는 활시위에 뺨 맞기 십상이다. 적중 여부에 일희일비하면 화살에 마음을 빼앗겨 궁체弓體는 망가지고 추한 모습만 남는다. 화살이 과녁에 맞지 않았다고 자책하거나 핑계를 대기보다 바른 몸을 만드는 것이 먼저다. 그것이 진정한 몸공부다. 늘 처음처럼 배우고 또 배울 수 있다면 복 받은 인생이다.

몸은
기억한다

몸의 기억은 날카롭다. 오랜 시간을 거쳐 안착된 몸의 기억은 몸에 남은 흉터처럼 영원히 지워지지 않는다. 또한 몸은 우리가 상상하는 것보다 많은 것을 기억한다. 내 기억은 물론이고 전 세대인 부모나 그 이전의 기억까지도 담고 있다.

일반적으로 기억은 머리로 기억하는 진술기억decalative memory과 몸으로 기억하는 비진술기억non-decalative memory으로 나뉜다. 진술기억은 측두엽의 해마가 언어나 도형 등을 전사시켜 기억하는 것을 말한다. 마치 사진을 찍듯 그 형태를 기억하는 것이다. 그래서 가끔은 비슷한 사진을 혼동하듯 기억이 변형되기도 하며, 아예 소멸하는 경우도 있다. 우리의 일상생활에서 반복되는 일은 대부분 진술기억 형태로 저장된다. 예를 들면 오늘 먹은 밥과 반찬의 종류나 맛은 기억하지만, 유사한 기억의 반복으로 며칠 전에 무엇을 먹었는지, 맛은 어떠했는지 쉽게 기억나지 않는 것이다.

반면 비진술기억은 몸으로 기억하는 것이다. 움직임의 순서를 몸이 기억하기 때문에 절차기억이라고도 한다. 어릴 적 배운 자전거 타는 방법이나 수영하는 방법 등은 수년이 흘러도 몸에 남아있다. 말 그대로 몸에 새겨져 지워지지 않는 '몸의 기억'이라고 할 수 있다. 어떻게 움직여야겠다고 의식하지 않아도 자연스럽게 몸이 그 상황에 반응하고 적응한다.

무예 수련도 비진술기억의 일종으로 몸에 각인하는 것이다. 아무리 머리가 좋아 수많은 무예를 단시간에 외울 수 있고, 그 움직임을 표현할 수 있다고 해도 정작 위급한 상황이 되면 머릿속의 기억은 딱딱하게 굳어버린다. 머리로 쉼 없이 생각하고, 무수한 반복으로 몸이 즉각 반응하도록 만드는 것이 무예 수련의 요체다. 그러나 거기에 그친다면 말 그대로 본능적인 움직임에 충실한 싸움꾼에 지나지 않을 것이다. 단순한 움직임에 의미를 담아 스스로 풀어가고 다른 영역을 개척하는 것이 진정한 무예 공부고 수련이다.

『대학』에 이런 문장이 있다. "진실로 날로 새롭게 하면, 나날이 새로워지고, 또 날로 새로워진다苟日新 日日新 又日新." 똑같은 행위를 반복한다 해도, 그 행위에 의미를 부여하고 가치 있는 일로 만들어야 새로운 무언가를 찾을 수 있다. 마음까지도 날마다 새롭지 못하면 늘 제자리걸음인 것이다.

길가에 아무렇게나 피어 있는 들꽃도 저마다 이름이 있고, 향기가 있다. 하지만 가까이 다가가 그 향기를 느껴보고 눈에 온전히 담아야 비로소 내 마음속에 남는 꽃이 된다. 발걸음 닿는 대로 무작정 걷는다고 의미가 있고, 목표에 도달할 수 있는 것은 아니다. 힘들어도 걸음 하나하나에 의미를 부여하고 길을 찾아갈 때 온전한 자기 길을 열 수 있다. 몸으로 익힌 수련은 결코 나를 배신하지 않는다. 그러나 수련이 배신하지 하지 않도록 끊임없이 되새김질하지 않으면 다른 길로 인도될지도 모른다. 잘못된 수련은 오히려 병을 키운다. 내 몸에 새겨진 잘못된 기억들로 더욱 고통스러운 길로 들어설 수도 있다. 늘 아는 길도 묻고, 돌다리도 두드려가며 걸어야 한다.

가르치며 배우고
배우며 가르친다

무예는 몸에서 몸으로 전하는 몸 문화의 요체다. 따라서 말과 글로만 익힐 수 없다. 무예는 구전심수 口傳心授라 해서, 스승이 제자에게 말로 법을 전해주고 마음을 담아 가르쳐주어야 진정한 의미를 익힐 수 있다. 요즘에는 동영상으로 배우기도 하지만 한계가 명확하다. 아무리 동영상을 프레임별로 쪼개고 느리게 수십 번 돌려보아도 움직임의 본질을 이해하기 어렵다. 주먹을 한 번 지르는 것, 발차기 한 번 하는 것도 상황에 따라 정확하게 의미를 이해하지 못하면 아무런 도움이 되지 않는다.

그래서 무예에서 스승이 귀한 대접을 받는 것이다. 그런데 스승이 제자에게 가르치는 과정에서 스승도 한 단계 성장하는 경험을 한다. 제아무리 고수라도 예전에 배웠던 것을 잊어버릴 수 있다. 혹은 가르침의 과정에서 지금까지 경험해보지 못한 새로운 움직임을 얻을 수도 있다. 그래서 좋은 제자는 스승을 더 뛰어나게 만든다. 하지만 제자의 실력이 기본기를 넘을 수 없다면 스승이 가르치는 과정 역시 한계를 벗어날 수 없다.

이러한 배움의 관계성을 교학상장教學相長이라고 한다. 스승과 제자는 일방적으로 한쪽은 가르치기만 하고 한쪽은 배우기만 하는 상하 관계가 아니다. 스승 역시 좋은 제자를 만나면 다양한 가르침으로 성장하고 제자 역시 배움으로써 발전한다. 가르침은 분명히 일정한 방향이 있으나, 그 깨우침은 상호 간에 일어나는 법이다. 만약 이런 상호작용이 없다면 스승은 스승으로 남아 있을 수 없고, 제자 역시 그 스승을 떠나 더 좋은 스승을 찾아나서야 한다.

유교 경전 중 『주례周禮』, 『의례儀禮』와 함께 삼례三禮 중 하나로 꼽히는 『예기禮記』의 「학기편學記篇」에 이에 관한 내용이 있다. "비록 좋은 안주가 있더라도 먹지 않으면 그 맛을 알지 못하고, 비록 지극한 도가 있더라도 배우지 않으면 그 좋음을 모른다雖有佳肴 弗食 不知其味也 雖有至道 弗學 不知其善也." 고기는 씹어보아야 맛을 알고, 매는 맞아보아야 아픔을 느낀다. 배우지 않으면 알 수 없는 것이 당연하다. 다음 문장에서 공부에 대해 이렇게 설명한다. "따라서 배워본 이후에 자기의 부족함을 알 수 있으며, 가르친 이후에야 비로소 어려움을 알게 된다. 그러기에 가르치고 배우면서 서로 성장한다고 하는 것이다是故學然後 知不足 敎然後 知困 敎學相長."

배움의 길에 끝은 없다. 제아무리 천재라도 우주 만물의 모든 것을 깨우칠 수는 없다. 따라서 아무리 훌륭한 스승의 깨우침이나 가르침이라도 유한할 수밖에 없는 것이다. 스승 또한 가르침의 깊이를 더하기 위해서는 쉼 없이 공부하고 수련해야 한다. 몸공부든 마음공부든 모든 공부는 흘러가는 강물에 노 젓는 행위다. 아무리 물살이 약한 곳에 도달했다 해도 노 젓는 행위를 멈추면 원점으로 돌아가게 된다.

만약 스승이 자신의 부족한 점을 채우고 풀어낸다면 제자들의 배움은 더 깊어지고 스승을 뛰어넘는 인재로 성장할 가능성이 높아진다. 제자 역시 쉼 없이 노를 저어야 물살이 센 단계를 극복할 수 있다. 배움과 깨우침은 공존하기에 공부는 끝이 없다. 스승이라는 이름으로 아무 이유 없이 제자를 억압하거나, 제자라는 이유로 무조건 복종하는 공부는 진정한 공부가 아니다. 가르치는 사람과 배우는 사람이 모두 교학상장의 마음을 다질 때 비로소 공부가 자유로워진다.

현장이
선생이다

무예는 신체 학문이다. 무예학은 몸을 사용해 그 안에 담긴 다양한 사상과 철학을 연구하는 학문이다. 단순히 상대와 몸을 맞대고 승패를 겨루는 것으로 끝나지 않고, 몸을 사용하는 기본 원리부터 몸을 기르는 방식 즉, 양생養生의 단계까지 확대된다. 그래서 무예학은 단순히 기술적인 체육에만 그치는 것이 아니라 신체 구조 파악이나 생리적 현상 이해를 위한 의학부터 인간의 몸을 어떤 방식으로 사유할지 질문에 답하기 위한 철학까지 다양한 분야를 공부해야 본질에 접근할 수 있다.

인터넷상에서 벌어지는 무예에 관한 논쟁을 보면 당황스러울 때가 많다. 실전에서 강한 무예는 무엇인지, 혹은 어느 무예와 다른 무예가 겨루면 누가 이기는지 설전을 벌인다. 논쟁의 승자는 '키보드 워리어'라 불리는 이들일 경우가 많다. 물론 실제로 무예 수련을 하지 않아도, 이론적으로 해당 분야에 깊이 파고들어 상당한 수준에 이르는 사람도 있다. 하지만 인터넷의 '키보드 워리어'는 대부분 누군가 해준 수련 이야기를 그대로 믿고 이론화하거나, 무예 이론서의 내용을 그대로 옮길 뿐이다. 그런 것을 모든 것인 양 주장하는 것은 상당히 위험하다.

무예의 근본은 몸을 맞대고 투기를 겨루는 현장성에 있다. 무예 연구가 이론에만 치중한다면 현실과 동떨어진 결과물이 나올 것이다. 무예뿐만 아니라 세상 모든 학문이 현장성을 멀리한다면 공염불에 지나지 않는다. 자신만의 경험을 바탕으로 고민하지 않고 스승이나 다른 수련생에게 들은 이야기를 맹목적으로 추종하는 것 역시 무예가 아니다. 무예라기보다 유사 종교에 가까울 것이다.

『논어』의 「위정편爲政篇」을 보면 학문을 연구하는 기본 태도를 다음과 같이 이야기한다. "학문을 닦아도 깊이 사색하지 않으면 혼매해 밝지 못하다學而不思則罔思而不學卽殆." 어떠한 가르침이나 배움이든 주체적으로 깊이 있게 사고하고 실천하지 않으면 '망罔'한다는 것이다. 여기서 말하는 '망'은 굴레나 속박 즉, 자유를 구속하는 모든 것을 말한다. 스스로 공부하고 이해하지 못한다면 배움이 느는 것이 아니라, 반대로 학문적 발전을 저해하고 퇴보하는 길이라는 것이다. 그래서 주희朱熹는 『논어』를 해석한 글에서 '망'이라는 문자에 대해 "마음에서 구하지 않으므로 어리석어서 얻는 게 없다不求諸心故昏而無得"라고 풀이했다.

무예는 현장에서의 수련이 중요하다. 현장의 경험을 바탕으로 고민하는 것이 진짜 수련이
다. 사회에는 현장을 살피는 현실의 정치가 필요하다. 탁상공론이 아니라 현장에서 풀어나
갈 때 비로소 승리를 얻을 수 있는 것이다.

깊이 있는 사유를 한다 하더라도 배우지 않는다면 위태롭다. 공부하는 과정에서 남의 것을 쳐다보지 않고 독선에 빠지는 것은 마치 벼랑 끝에 서서 천길만길 낭떠러지를 내려다보듯 위태로운 것이다. 한 걸음만 더 나가면 새로운 단계로 올라가는 것이 아니라, 다시는 돌아오지 못하는 곳으로 떨어질 수 있다.

공부하는 사람이 갖추어야 할 것 두 가지는 앞선 연구의 성과를 수용하고 이를 바탕으로 자신만의 길을 개척하는 것이다. 무예를 공부하고 수련할 때도 이 두 가지를 지켜야 올바르게 발전할 수 있다. 스승이나 선배가 걸었던 길을 깊이 있게 탐구하는 것은 기본이다. 그러나 그것에 맹목적으로 집착할 것이 아니라 자신의 사유를 통해 현장에서 새로운 세상을 펼쳐야만 발전적인 공부가 된다. 그런데 세상살이도 그렇지만, 그 두 가지를 조화롭게 병행한다는 것은 참으로 어려운 일이다. 늘 '망罔(속박)'과 '태殆(위태로움)' 사이를 시소 균형 맞추듯 조심스럽게 운신하는 것이 필요하다.

무예 수련은
구도의 길이다

　　무예에서 깨달음은 몸을 통해 조금씩 일어난다. 스승이라는 절대적인 존재에게 가르침을 받아 깨닫기도 하고, 상대와 겨루기를 통해 깨닫기도 한다. 심지어 나보다 실력이 낮은 상대와 맞대고 수련하다가 깨우치기도 한다. 타산지석他山之石이라는 말처럼 남의 산과 못난 돌도 받아들이기에 발전할 수 있는 것이며, 세상 그 어떤 것도 내게는 훌륭한 스승이 될 수 있다.

　　무예는 머리로만 이해하는 것이 아니라, 반복적인 움직임을 통해 몸으로 깨우치는 것이다. 어제 새로 배운 자세나 개념을 오늘 다시 수련하면 어제와는 다른 몸짓이 만들어진다. 반복한다 하더라도 조금씩 자세가 흘러서 다시 배우고 내 몸을 깎아내지 않으면 깨달음이 한순간에 도망간다. 그래서 예로부터 몸 수련과 글공부를 병행했던 것이다. 몸으로 익힌 것을 글로 쓰고 생각을 정리하거나 선현의 가르침 속에서 수련 중 품었던 의문을 해소하는 것이다.

　　인간은 망각의 동물이다. 아무리 깨우치고 글로 적어도 시간의 흐름을 거스를 수 없다. 거기에 괴롭고 불리한 기억은 머릿속에서 지워버리고 유리한 기억만 품으려 하는 본성이 있다. 무예 수련에서도 잘 이해되는 것과 잘 표현되는 것 위주로 기억하고 수련하려 한다. 그래서 시간이 지나면 지극히 기본적인 내용도 망각해버리기 일쑤다. 말 그대로 날마다 깨닫고 깨우쳐야만 궁극적인 몸 수련에 도달한다. 쉼 없이 몸이 기억해내도록 깨우침 위에 깨우침을 더해야 하는 것이다.

불교에서도 깨달음은 수행 정진의 목표로, 이에 관한 수많은 이야기가 전해진다. 그중 대표적인 것이 화두話頭라는 것이다. 화두를 문자 그대로 해석하면 '이야기의 머리'다. 수행자가 자신이 궁금한 것에 의심을 품고 선사에게 답을 구하거나 그 답을 찾기 위해 쉼 없이 반복적으로 질문을 던져 풀어가는 과정이다. 그 화두를 풀기 위해 몇 달을 고민하고, 때로는 선방에 들어앉아 수십 년을 고행하는 것이다. 그래서 화두는 기본적으로 물음에 대한 대답, 혹은 이야기로 풀어진다. 만약 자신에게 던져진 화두를 풀어내지 못하면 더는 수행 정진이 불가능하기에 거기에 온 신경을 집중해 묻고 또 물어 몰입할 때까지, 혹은 무아지경에 이를 때까지 깨달음을 갈구하는 것이다.

화두는 불교에서 말하는 '진정한 진리'란 무엇인지와 관련이 있다. 그래서 화두를 다른 이름으로 공안公案이라 부른다. 공안은 공공기관에서 발행하는 공문서를 말하는 것으로 반드시 이행해야 다음 단계로 넘어갈 수 있음을 말한다. 화두를 풀지 못하는 것은 곧 수행의 목표인 '진리를 찾아가는 길'을 제대로 찾지 못했다는 것이기에 답을 찾을 때까지 생각을 멈추지 않아야 한다. 이런 이유로 화두 한 가지를 품고 수행하면 그때부터 불심佛心을 키우는 것이라고 볼 수 있다.

　　세상살이에서도 마찬가지다. 깨닫고 또 깨달아야 한다. 한 번 깨우쳤다고 그만이 아니다. 어설픈 깨달음은 망각을 향해 가는 지름길이거나 독선과 아집으로 이끄는 고장 난 나침반과 같다. 우리의 일상이 쉼 없이 이어지듯 생활 속의 작은 깨달음도 쌓이고 쌓여 '삶'을 이룬다. 무예를 수련할 때도 수없이 상대와 손과 손을 맞대거나 칼과 칼을 맞대야 깨우침을 얻을 수 있다. 깨달음은 혼자 머릿속으로만 풀어지는 것이 아니라 사람과 사람과의 관계 속에서 풀어지는 것이다. 인간이기에 깨달음의 과정에서 망각하거나 실수할 수도 있다. 그러나 또 다시 깨우쳐 올바른 길로 가는 것이다. 깨달음은 멀리 있는 것이 아니라 우리 생활 속에 있다.

무예에
정답은 없다

　　　　　　무예 수련은 자신의 몸과 끊임없는 투쟁 상태를 유지하는 것이다. 어떤 자세라도 몸에 익히기 위해서는 수천 번, 수만 번 동일한 움직임을 반복하면서 몸에 새겨야 한다. 그 과정에서 무예가 조금씩 몸과 일체화되면서 자신만의 몸짓이 나오게 된다. 같은 자세를 배운다 해도 사람의 몸은 서로 다르기에 움직임이 다를 수밖에 없다.

　　하지만 배우는 과정에서는 자신의 몸과 다른 형태의 가르침이라도 일체화해야 한다. 나와 다른 몸짓을 내 몸에 맞도록 몸을 변화시키는 것이 수련이다. 그런 과정에서 무예는 마치 살아 있는 생물처럼 진화한다. 그래서 무예에 과정은 있지만, 완벽한 정답이나 결론은 없다. 복식이나 음식 같은 것도 더 아름답거나 더 맛있는 형태로 변화하는 것처럼 무예 역시 시류 혹은 유행 속에서 당대를 살아가는 사람들의 관심과 인정을 통해 변화하고 유지된다.

　　이러한 무예의 속성으로 인해 무예를 배우는 목적과 의미에 따라 자세나 형태가 바뀌기도 한다. 예를 들면 어린이들은 살상 능력을 높이는 방식이 아니라 놀이처럼 재미있게 무예를 수련하도록 내용을 조정한다. 반대로 나이가 지긋한 노인이 무예를 배운다면 투쟁력을 높이는 방식보다 근력이나 유연성을 강화해 신체 능력을 유지하는 것이 핵심 목표가 된다.

따라서 동일한 무예를 배운다고 해도, 목표가 달라지면 몸의 형태도 달라진다. 그러한 변화를 '다르다'고 보지 않고 '틀리다'고 보면 충돌이 발생할 수밖에 없다. 일상에서 '다르다'와 '틀리다'를 혼동하는 경우가 많다. 누군가의 말이나 의견에 '다르다'라는 입장을 취하는 것과 '틀리다'라는 입장을 취하는 것은 상대방에 대한 존중 유무 차이에서 나온다. 만약 다른 것을 인정하지 못하고 틀리다고 한다면 대화는 진전될 수 없다.

무예의 수련 과정에서 생기는 다름은 그 자체로 존중해야 하는 것이며, 그것이 바로 차이를 인정하는 것이다. 세상 모든 사람은 다르다. 가정환경도 다르고 유년기의 추억도 다르며, 학교라는 테두리 안에서 공부하는 방식 또한 다르다. 성인이 된 후에도 제각각 다른 삶을 살아간다. 우리 모두는 서로 다른 공동체 속에서 교집합이나 합집합의 형태로 살아간다. 넓게 보면 지구촌, 작게 보면 가족이라는 공동체 안에서 중요한 것은 차이와 연대의 의미를 이해하

택견과 태권도의 모습. 겉모양은 비슷할지 모르지만, 운동의 원리와 흐름은 사뭇 다르다. 태권도를 수련한다고 해서 택견의 자세가 틀렸다고 할 수 없으며, 택견 수련자가 태권도의 자세를 틀렸다고도 할 수 없다. 서로 차이를 인정하지 않고 다름을 존중하지 못하면 대화도 수련도 진전되지 못한다.

고 서로 존중하며 일상을 살아가는 것이다. 나와 다른 존재라는 것을 인정하고, 공통된 목표나 지향점을 바라보며 함께 풀어나가는 것이다.

만약 누군가 어떤 무예를 수련하는데 모든 것을 완성했다고 주장한다면 한 번쯤 의심해보아야 한다. 어떤 공부든 내가 모르는 것이 무엇인지 확인하고 그것을 찾아나가는 과정이다. '나는 이미 정답을 찾았으니, 더는 배울 것이 없다'며 떠벌린다면, 그것은 공부가 그만큼 부족하다는 반증이다.

『논어』의 「위정편」에 다음과 같은 문장이 등장한다. "유야, 네게 안다는 것을 가르쳐주마. 아는 것을 안다고 하고, 모르는 것을 모른다고 하는 것이 참으로 아는 것이다由 誨女知之乎 知之爲知之 不知爲不知 是知也." 자신이 무엇을 알고, 무엇을 모르는지 구분할 줄 아는 것이 진정한 앎이라는 이야기다. 모르는 것이 무엇인지 알아야 배울 수 있다. 모든 것을 알고 이미 완성했다면, 그는 인간이 아니라 신일지도 모른다. 인생에 정답이 없듯, 무예에도 정답은 없다.

몸으로 기억하고
글로 남긴다

　　　　　　　　　　　　　　기억은 사회화 과정의 산물이다.
우리가 기억하는 대부분은 사회적 관계를 통해 형성되고 말과 글을
통해 이해한 것이다. 대다수의 사람이 영유아기의 기억이 거의 없
다. 그것은 뇌의 성장 탓도 있지만, 어머니와 아이라는 일직선적인
관계에 그치기에 기억이 단선적일 수밖에 없어 기억에서 사라지기
쉽기 때문이다. 자라면서 아버지를 비롯한 가족과의 소통, 좀더 커
서는 또래 친구나 이웃과 만남을 통해 조금씩 관계가 복잡해지고
기억은 섬세해진다.
　　이러한 사회적 관계를 통해 각인된 기억들은 단순히 개인의
기억으로 그치는 것이 아니라, 거대한 집단 기억의 형태로 자리 잡
게 된다. 개인을 넘어 동일한 형태와 의미로 소속 집단에 유사한 방
식으로 저장되는 것이다. 특히 특정 목적을 가지고 소속된 공동체
에서의 기억은 평생 잊히지 않는 집단 기억으로 남기도 한다. 유년
시절 학교에서 벌어진 일이나 청년 시절 군대에서의 기억은 직접

재현할 수 있을 정도로 또렷한 경우가 많다.

　집단 기억은 특정한 장소에서, 특정 시간의 형태로 구체화된다. 과거의 일이 어느 장소에서 언제 일어났는지 기억하면 보다 선명하게 회상할 수 있다. 집단 기억을 사회적 관계망의 확대를 통해 지속적으로 공유하다보면 일종의 기억 공동체로 발전하기도 한다. '한국인' 혹은 '대한민국'이라는 국가와 민족에 대한 단상 역시 기억 공동체라는 관계 속에서 안착된다. 민족과 국가라는 틀은 볼 수도 없고 만질 수도 없다. 관계 맺음과 이를 통한 소속감에 의존하는, 집단의 특성과 지속성 확보를 위해 의도적으로 만들어놓은 사회통제 장치인 것이다.

　집단 기억의 지속성에 가장 효율적인 것은 기록이다. 전통시대에는 문자로 기록하는 것이 지속성 확보에 매우 중요한 행위였다. 당대의 사실이나 현상을 정확하게 기록하지 않으면 지속성 확보가 어렵기에 쉼 없이 기록하고 또 기록했다. 조선시대에는 『조선왕조실록』과 『승정원일기』를 비롯해 각종 등록謄錄 등 관찬官撰 사료뿐만 아니라 개인 문집을 통해 지속성을 확보해왔다. 비록 잘못된 일이라도 후세를 위해 명확하게 문제점을 짚고 상황을 설명하는 기록을 남긴 것이다.

　현대의 무예 단체나 수련자에게도 배움을 기록하는 것은 꼭

太祖康獻大王實錄卷第一
太祖康獻至仁啓運聖文神武大王姓李氏諱旦字君晉古諱
成桂彌松軒全州大姓也有司空諱翰仕新羅娶太宗王十世
孫軍尹金殷義之女生侍中諱自延侍中生僕射諱天祥僕射
生阿干諱光禧阿干生司徒三重大匡諱立全司徒生諱兢休
兢休生諱廉順廉順生諱承朔承朔生諱充慶充慶生諱景英
景英生諱忠敏忠敏生諱華華生諱珍有珍有生諱宮進宮進
生大將軍諱勇夫大將軍生內侍執奏諱降執奏侍中文公
諱克謙之女生將軍諱陽茂將軍娶上將軍李公諱康濟之女
生諱安社是為 穆祖性豪放有志四方初在全州時年二十
餘勇略過人山城別監入館因官妓事與州官有隙州官與按
廉議上聞發兵圖之 穆祖聞之遂徙居江陵道三陟縣民頗
從而徙者百七十餘家嘗造船十五隻以備倭既元也窟大王
兵侵諸郡 穆祖保頭陀山城以避亂適前日山城別監新除
按廉使又將至 穆祖恐禍及挈家浮海至東北面宜州即德

조선시대의 대표적인 기록 유산인『조선왕조실록』 중 『태조실록』의 첫 번째 권이다. 태조 이성계의 가계를 설명하는 내용으로, 추증된 목조穆祖 이안사가 전주에서 삼척과 의주를 거쳐 알동에 정착한 내용을 담고 있다. 기록하지 않으면 기억할 수 없고, 기억하지 못하면 잊혀진다. 기록은 최후의 힘이다.

필요하다. 스승에게 배운 기술의 의미나 내용은 시간에 따라 변한다. 변화하는 흐름을 기록하는 것은 개인이 쓴 것일지라도 언젠가 소중한 무예사의 한 장이 될 수 있다. 과거의 무예사를 연구하는 이들에게 당시의 사료 한 줄이나 그림 한 장의 의미는 엄청나다. 무예에 대한 기록이 그만큼 적기 때문이다. 무예의 변화와 수련자들의 기억 공동체를 이해하고 설명하기가 너무나도 힘든 상황이다.

특히 무예 단체는 구체적인 내용까지도 기록으로 남겨야 안정적으로 단체의 지속성을 확보할 수 있다. 세상은 쉼 없이 변하고 무예 단체들 간의 이합집산도 언제든 이루어질 수 있다. 그 길을 따라 걷는 후학을 위해 어떤 노력과 고민을 했는지 기록을 남겨야 같은 실수를 반복하지 않을 수 있다. 대신 조작하거나 왜곡한 기록이 아닌 진실한 기록을 남겨야 한다. 소위 지식 정보화 시대라는 미명 하에 엄청나게 많은 기록이 쌓여가지만 정작 제대로 된 정보는 찾기 힘들어지고 있다. 기록하지 않으면 기억할 수 없고, 기억할 수 없으면 잊어버리게 된다. 단, 진실하게 기록해야 한다.

신보수검,
무예 수련의 순서

　　세상 모든 것에는 순서가 있다.
앞에 할 일과 뒤에 할 일이 있다. 만약 앞뒤를 바꾼다면 일 자체가
되지 않거나 제대로 이루어지지 않는다. '급하다고 바늘허리에 실
꿰어 쓰려 한다'는 말처럼 필요에 따라 순서와 과정은 생략하고 일
을 추진하는 경우가 종종 벌어진다. 국가 정책 같이 큰 안목으로 풀
어갈 일들도 눈에 보이는 결과만을 위해 성과지향주의적인 발상으
로 앞뒤 가리지 않고 추진하기도 한다.

　　예를 들면 출산율과 관련한 정책이 그렇다. 1970~1980년대
경제성장기에 과도한 인구 증가를 막기 위해 펼쳤던 산아제한 정책
은 불과 몇십 년이 지나지 않아 출산 장려 정책으로 전환되었다. 눈
앞에 보이는 문제를 빠르게 해결하기 위해 앞뒤 가리지 않고 졸속
으로 일을 추진하다 보니 거꾸로 된 문제가 발생한 것이다.

　　무예 수련에서도 순서에 관한 문제가 자주 발생한다. 배움에
대한 근시안적인 욕심 때문인데, 수련의 성과를 높이지 못하는 것

에 그치지 않고 몸을 다치게까지 한다. 어떤 무예든 신체 역량을 강화하거나 유연성을 높이는 것부터 시작한다. 무예를 담는 그릇인 몸을 체계화하는 것이 근본이다. 그런데 자기 몸을 이해하지 못하고 당장 어떤 결과를 보려고 하면 아무것도 이룰 수 없다. 배움의 그릇을 만드는 것이 먼저다.

전통시대에도 무예를 수련하는 기본 순서를 '신보수검身步手劍'이라 했다. 첫째 '신身'은 자신의 몸과 상대의 몸을 말하는 것이다. 자기 몸의 한계가 어느 정도며, 몸에서 분출할 수 있는 힘이 어느 정도인지 고민하고 키워나가는 것이다. 그리고 자신의 몸을 통해 상대의 몸을 이해할 기본 개념을 만드는 것이다.

둘째 '보步'는 걸음걸이다. 자신의 몸을 이해한 후에는 몸을 자유롭게 움직일 수 있도록 두 다리를 사용하는 훈련을 한다. 걸음은 단순히 다리만 움직이는 것이 아니다. 다리의 움직임을 통해 몸통을 안정되게 유지할 수 있도록 신체의 조화를 찾아나가는 것이다. 어린아이가 걸음마를 배우면서 수없이 넘어지는 이유 또한 조화를 찾아가는 과정이기 때문이다. 핵심은 척추를 바르게 세워 몸의 중심을 잡아가는 것이다. 몸을 바르게 세우지 않으면 몇 걸음을 걷지 못하고 중심이 무너지게 된다. 보법 수련을 통해 빠르게 달려도 넘어지지 않는 중심 이동법을 익히게 된다.

셋째 '수手'는 손과 팔을 사용하는 것이다. 상대와 맞서기 위해서 먼저 손의 활용을 익히는 것이다. 일반적인 경우라면 서로 일정한 거리에 서서 주먹과 주먹을 겨누는 것으로 공방이 시작된다. 상대의 주먹을 방어하기 위해 팔로 막거나 다른 주먹을 내뻗는 동작을 반복하면서 상대와 호흡을 주고받게 된다. 이후 좀더 근접거리로 들어서면 손을 이용해 상대의 팔이나 옷깃을 붙잡아 펼치는 유술기의 형태로 발전한다. 여기에 다리를 이용해 공격하는 발차기 형태의 족술足術이나 각술脚術이 더해지면 맨몸을 이용한 공방 기법을 안정화시킬 수 있게 된다.

마지막으로 배우는 것이 '검劍' 즉, 무기술이다. 신체의 공격력과 방어력을 극대화하기 위해서 무기라는 연장을 손에 쥐고 공방법을 수련하는 것이다. 손에 쥔 무기는 신체의 연장이다. 상대와 먼 거리에 겨루기 위해서 창이나 봉과 같은 긴 무기를 수련하기도 하고 가까운 거리에서 승부를 보기 위해 단도 같은 근접전형 무기를 연마하기도 한다. 이러한 무기술은 자신의 신체를 바탕으로 하기에 신身, 보步, 수手와 관련된 법을 차례로 익히지 않으면 사용에 제약이 생기고, 심지어 자신이 휘두른 무기에 자신이 다치는 자해법이 되기도 한다.

세상일이 다 그렇다. 배움에도 순서가 있다. 잘 걷지도 못하는데 달리려고 하면 무릎이 깨진다. 그렇다고 평생 걷기만 하라는 것은 아니다. 넘어졌을 때 무엇이 잘못되었는지 천천히 과정과 순서를 곱씹어보고 똑같은 실수를 반복하지 말라는 것이다.

칼로 벤다는 것의
진정한 의미

　　　전통시대에 무예는 기본적으로
전투에 활용되었기에 무기를 다루는 것이 핵심이었다. 그중 칼을
사용하는 도검술은 다른 어느 무예보다 효과적이었다. 신체에 패용
할 수 있는 적당한 크기의 칼은 유사 이래로 가장 오랫동안 전투 현
장에 남은 무기다. 그래서 긴 창이나 월도같이 무거운 무기를 사용
하는 군사들도 기본적으로 짧은 칼을 사용하는 훈련을 했으며, 심
지어 원사 무기를 활용하는 궁수나 조총수도 근접 거리 전투를 위
해 허리에 짧은 칼을 패용하고 전투에 임했다.

　　　검술 수련은 크게 4가지로 구분된다. 첫째는 칼이 움직이며
만들어내는 기본 각도를 몸이 이해하도록 훈련하는 기본 기법 수련
이다. 둘째는 가상의 공방을 만들어 동작을 연결 짓는 검법 수련이
다. 셋째는 일대일 혹은 일 대 다수가 다양한 무기를 가지고 서로 봄
과 몸을 부딪치며 힘과 충격력을 느끼는 교전법 수련이다. 마지막
으로 정확한 힘과 속도를 가늠하기 위해 대나무나 짚단 등을 공격

하는 베기법이다.

이러한 4가지 수련법을 적절하게 안배해야 좋은 검선劍線과 실전성을 구비할 수 있다. 그런데 근래에 무예가 신체 수련에 그치지 않고 남에게 보이기 위한 시범 공연화하면서 4가지 수련법 중 베기에만 치우쳐지고 있다. 빠르게 대나무나 짚단을 연속해서 베어 넘기거나, 쌍수도를 비롯한 큰 칼 혹은 자루가 긴 월도를 사용해 짚단 십여 개를 단번에 자르는 모습은 관람객에게 호평을 받으며 큰 인기를 모으고 있다.

그래서인지 다른 수련법들은 팽개쳐버리고 오로지 짚단, 대나무와 사투를 벌이는 수련자가 부쩍 많아졌다. 좀 더 잘 베기 위해 실전에서는 사용하지도 못할 면도칼보다 얇고 가벼운 삼각도를 이용해 짚단을 난도질하는 모습을 종종 볼 수 있다. 그런데 그런 칼은 얇은 대나무조차도 벨 수 없는 특수한 짚단 베기 전용 칼이며, 짚단에 작은 모래알이라도 있으면 단번에 칼날이 손상될 정도로 유약한 칼이다.

기본기를 활용한 보법이나 신체 운용법은 저 뒤에 두고 물체를 정교하게 베는 훈련에만 집착하다 보니 말 그대로 보여주기식 베기 시범으로 흘러버리는 것이다. 베기를 시범하거나 훈련할 때도 베는 것 자체에 중심을 두는 게 아니라, 베기 전 보법의 움직임과 베

검술 수련은 크게 기본기, 투로, 교전, 베기로 구분된다. 이중 물체를 베는 것이 가장 화려해서 베기 수련에만 집중하는 수련자가 부쩍 늘고 있다. 하지만 물체를 베는 것에만 치중하면 나머지 모든 것이 망가지게 되고, 결국에는 몸도 망가진다.

는 순간의 호흡법을 비롯해 베고 난 이후 자연스러운 칼 거둠법 혹은 다음 목표로 이동을 위한 칼 거둠법 등 다양한 요소를 이해해야 한다. 그래야만 안정적인 베기 훈련 혹은 베기 시범이 된다.

베는 것 자체에 의미를 두기보다는 물체를 베는 일련의 과정에서 어떤 움직임이 일어나고 그것이 내 몸에 어떤 영향을 미치는지 세밀하게 관찰하고 풀어내야만 제대로 된 수련으로 발전할 수 있다. 따라서 베기에는 기본기가 투영되어야 한다. 또한 단발로 그치는 것이 아니라 연속적인 보법과 함께 다양한 움직임이 나와야 한다. 그리고 목표물 하나를 베는 것이 아니라, 베고 난 후에 적극적으로 몸을 움직여 교전하는 것처럼 칼을 움직여야 한다.

우리가 흔히 듣는 사자성어 중에 격물치지格物致知라는 말이 있다. 『대학』에 나오는 말로, 세상을 이해하는 방법에 대한 말이다. '근본을 알려면 사물을 구명하라'라는 뜻으로, 단순히 한 상황이나 행위에 몰두하는 것이 아니라 전반적인 흐름을 이해하고 이치를 고민하라는 이야기다. 이를 검법 수련의 베기에 적용한다면 베기 자체에 집중할 것이 아니라 그것이 왜 베어지고, 어떠한 흐름으로 전개되는지를 담아야 베기의 근원을 이해할 수 있다는 뜻이다.

기본기의 칼 움직임이 다르고, 교전할 때 나타나는 칼의 움직임이 다르다. 검법의 기본기가 투영되지 못한 칼은 베기만을 위한 움직임으로 고착될 뿐이다. 무예든 세상살이든 베는 것이 전부가 아니며, 보이는 것이 완전한 진실은 아니다. 무엇이든 제대로 배워야 한다.

우리 무예 관련 고전

『무예도보통지』

1790년(정조 14)에 편찬된 『무예도보통지武藝圖譜通志』는 그 이름에서도 알 수 있듯이, 창검 무예(17기)와 맨손 무예인 권법(1기) 그리고 기병이 익힌 마상 무예(6기)까지 당시 군사들이 익힌 무예를 글과 그림으로 설명한 무예 실기 종합서다.

이 무예서는 정조 시대에 전부 완성된 것은 아니다. 『무예도보통지』 편찬 과정을 살펴보면, 임진왜란을 겪으면서 한교韓嶠에 의해 완성된 『무예제보武藝諸譜』의 보병 무예 6기를 근본으로 했다. 그리고 광해군 대 최기남崔起南이 편찬한 『무예제보번역속집武藝諸譜飜譯續集』의 권법, 청룡언월도, 협도곤, 왜검 등 『무예제보』에 담지 못한 무예 4기를 수록했다. 이후 1759년(영조 35) 사도세자가 대리청정하던 때에 구보舊譜를 정리하고 새로운 무예를 추가해 『무예신보武藝新譜』 18기가 정리되었다. 여기에 정조의 특명으로 마상무예 6기를 추가해 모두 24기의 무예를 편찬한 것이다.

편찬의 실무는 규장각의 이덕무李德懋와 박제가朴齊家가 무예 이론과 고증을 담당했고, 무예 실기는 장용영 초관 백동수白東修가 맡아 전문적인 분업이 이루어졌다. 『무예도보통지』의 인용서 목록을 보면 중국 자료인 『기효신서紀效新書』는 물론이고 『무비지武備志』, 『내가권법內家拳法』, 『도검록刀劍錄』을 비롯해 일본 자료인 『일본기日本記』, 『왜한삼재도회倭漢三才圖會』 등 동양 삼국의 각종 서적을 총망라했다. 임진왜란과 병자호란 이후 우리 무예의 발굴은 물론, 주변국의 무예를 적극 받아들여서 만든 『무예도보통지』에 수록된 무예 24기에는 우리 겨레의 상무 기상과 피어린 역사가 살아 숨 쉬고 있다. 우리 무예를 찾아내어 다시 정립하고 비록 적국이지만 중국과 일본 무예를 적극 받아들여 이를 연구·분석해 우리 현실에 맞게 재창조했던 조선 무사의 개방적이고 진취적인 자세에는 진정한 '몸의 실학實學'이 담겨 있다.

『무예신보』의 보병 무예 18기는 모두 보병이 익히는 단병 무예가 되었으며, 마상무예 6기를 더한 것은 정조의 기병 강화의 의지를 실현한 것이다. 『무예도보통지』의 편찬에는 마상무예 강화뿐만 아니라, 생부生父인 사도세자의 위업을 세상에 알리고자 하는 정조의 의지가 담겨 있다.

『병학통』

1785년(정조 9)에 임금의 명으로 형조판서 겸 지훈련원사 장지항張志恒이 편찬했다. 『병학통兵學通』은 『병학지남』을 비롯한 이전 진법서들의 한계를 극복하기 위해 도성인 한성에 주둔하던 주요 군영인 훈련도감訓練都監, 금위영禁衛營, 어영청御營廳과 용호영龍虎營의 훈련 절차인 장조정식場操程式을 종합해 하나의 전술 체제로 정리한 것이다. 그전에는 군영별로 각기 다른 훈련 방식을 채택해 명령 체계가 번잡하고 혼란스러웠다. 이러한 한계를 극복하기 위해 『병학통』을 중심으로 일원화된 군사훈련 체제를 구축하고자 한 것이다.

　　『병학통』 1권에는 훈련장에서의 훈련인 장조場操 외에 성곽 방어 훈련인 성조城操, 야간 군사훈련인 야조夜操, 수군 훈련인 수조水操 등이 수록되어 있다. 2권에는 이에 해당하는 진도陣圖를 하나씩 그려 넣어 각 군사의 움직임을 한눈에 살펴볼 수 있도록 정리했다. 『병학통』은 18세기 조선의 전술 전반을 이해하는 데 필수적인 자료다. 『무예도보통지』와 함께 '양통兩通'으로 불리며, 거대한 군사 진법 훈련부터 군사 개개인의 자세까지 통일하고자 만들어진 책이다.

『병학통』에 실린 진법 중 장조는 일반적인 군사훈련 모습을 담은 것으로, 평시에는 노량사장을 비롯한 한강 근처 너른 모래밭에서 훈련했다. 또한 마상무예를 강화한 『무예도보통지』처럼 기병 단독 진법을 상세하게 담았다. 『병학통』의 진법 중 기병을 중심으로 이루어진 진법은 좌우마병각방진左右馬兵各方陣, 좌우마병합방진左右馬兵合方陣, 마병육초방영도馬兵六哨方營圖, 마병삼초방영도馬兵三哨方營圖, 이마병추격마병以馬兵追擊馬兵, 이마병추격보군以馬兵追擊步軍, 이보군추격마병以步軍追擊馬兵, 마병봉둔진馬兵蜂屯陣, 마병학익진馬兵鶴翼陣, 마병봉둔진도馬兵蜂屯陣圖, 마병학익진도馬兵鶴翼陣圖, 기사봉둔진도騎士蜂屯陣圖, 기사학익진도騎士鶴翼陣圖 등이다. 기병의 진형을 독립적으로 다룬 것은 기병 전술을 중시했던 당시 상황을 반영한 것으로 볼 수 있다.

『해동명장전』

홍양호洪良浩가 쓴 『해동명장전海東名將傳』은 우리나라 애국 명장 55명의 전기
집으로 삼국시대부터 조선 인조 대까지 적국의 무력 침략에 대항에 나라를
지켜냈던 장수의 생애와 무훈을 담아놓은 책이다. 1권은 신라의 김유신 · 장
보고, 고구려의 을지문덕 · 안시성주, 백제의 흑치상지, 고려의 유검필 · 강감
찬 · 양규 · 윤관의 전기를 실었다. 2권에는 김부식 · 조충 · 김취여 · 박서 ·
송문주 · 김경손 · 이자성 등을 기술했다.

      홍양호라는 개인이 저술한 것이지만, 홍양호는 당시 세도가였던 풍
산 홍씨의 일원이었으며 형조, 공조, 이조를 거쳐 당시 예조판서 직에 있었
기에 그의 저술 의도는 단순히 개인적인 것이라고 보기 힘들다. 이 책에는

무인에 대한 인식을 제고하고자 하는 목적이 담겨 있다. 당시 왕인 정조는 각종 병서의 간행과 이순신과 임경업, 김덕령 등 무장에 대한 대대적인 숭모 사업을 국가적으로 추진하면서 무풍을 고취시키고자 했다. 당대 최고 문신이 무장의 전기집을 직접 저술했다는 것만으로도 무武와 무장武將에 대한 인식 변화에 상당한 영향을 끼쳤을 것이다.

당시 홍양호는 "문장에 있어서는 조정의 신하 중 제일이다"라고 공공연하게 평가받았을 정도로 유학에 정통한 문신으로 널리 알려졌기에, 『해동명장전』은 개인의 저술을 넘어 당대의 사상적 흐름을 좌우할 중요한 책이라고 할 수 있다. 홍양호는 스스로 '조선태사朝鮮太史'라고 자처하면서 당대의 역사 연구 흐름을 주도해 『영종실록英宗實錄』, 『중종실록中宗實鑑』, 『동문휘고同文彙考』, 『갱장록羹墻錄』, 『중흥가모中興嘉謨』 등을 비롯한 다양한 역사서를 편찬했기에 정조 대 최고의 역사가라고 평해도 손색이 없다.

『해동명장전』의 서문을 보면, 조선이 문치 위주의 국정 운영을 지향했기 때문에 무력이 갈수록 쇠퇴해졌고, 임진년과 병자년의 난이 이러한 문제 때문에 발생한 것이라고 지적하고 있다. 그리고 앞으로 발생할지 모를 전쟁에 대비해 무에 대한 관심을 높이기 위해 이 책을 저술한다고 밝히고 있다. 두 번의 큰 전란을 치렀으면서도 평화의 시기라 안주하면서 아직까지도 각성하지 못한 문신 관료에게 무와 무장의 중요성을 깨우치려는 따끔한 충고라고 이해할 수 있다.

『장용영고사』

『장용영고사壯勇營故事』는 정조 대 국왕 친위군으로 만들어진 장용영의 일상이 담긴 군영 자료다. 장용영은 정조 9년인 1785년에 창설되어 정조 시대 핵심 군대로 사회 전반에 영향을 끼치다가 순조 2년인 1802년에 혁파되었다. 숙위장교들이 16년간 군영에서 벌어진 일을 일기체 형식으로 작성했다. 군영에 관한 세세한 자료로는 요즘 당직사관의 근무일지와 비슷한 『훈국등록訓局謄錄』이나 『어영청등록御營廳謄錄』 등과 같은 군영의 등록謄錄을 꼽지만, 안타깝게도 『장용영등록』은 현재 전해지지 않는다.

　　『장용영고사』는 정조가 직접 거둥한 가운데 치른 무예 시험인 시재試才, 시사試射 등의 내용과 다양한 시상 물품뿐만 아니라 훈련도감을 비롯한 다른 중앙 군영과 합동 군사훈련까지 세세하게 담고 있다. 또한 관원이 새로 부임했을 때 행해지는 다양한 군영 의례와 국왕의 호위 등 쉽게 노출되지 않는 비밀스러운 내용도 담고 있다. 특히 무예 시험은 시험을 본 군사들의 이름과 성적은 물론 군사들에게 상품으로 내린 쌀, 무명, 각궁, 화살 등 물품의 종류와 수량까지 정확하게 남겨놓아 당대 군영의 일상사를 확인할 수 있다.

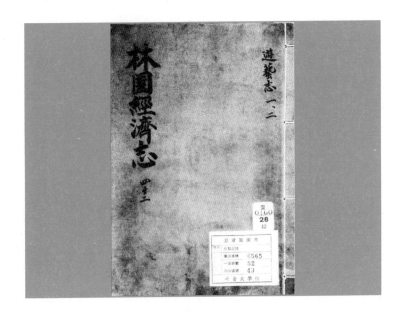

『임원경제지』 중 「유예지」

풍석 서유구徐有榘가 쓴 『임원경제지林園經濟志』는 향촌에 내려가 자연과 벗삼아 사대부의 삶을 유지하기 위한 다양한 내용이 담겨 있다. 그중 가장 핵심인 농사일, 화훼와 수목을 재배하는 일, 향약鄕藥을 활용한 구급 처방을 비롯해 향촌 사회의 의례와 여가 활동 등 경제활동부터 의례에 이르기까지 백과전서의 형식으로 정리했다. 항목을 16부로 분류해 각각의 항목에 따라 세부내용을 나누어 정리했는데, 활쏘기 수련과 관련된 사결射訣은 그중 13부인 「유예지遊藝志」에 실려 있다.

　　『임원경제지』의 「유예지」는 당시 활쏘기를 수련하는 방식을 비롯해 사법射法을 고치는 방법과 활쏘기와 관련된 기구의 사용법까지 담고 있어 전통 활쏘기와 관련해 가장 체계적인 사료로 인정받고 있다. 특히 서유구 자신이 일찍이 활쏘기를 배웠고, 가학으로 활쏘기 연습을 했기 때문에 문헌 중심 이론서의 한계를 뛰어넘어 당대 활쏘기 수련 내용을 잘 담아냈다.

첫 번째 장인 초학연습初學演習에는 활쏘기를 처음 배우는 사람이 익혀야 하는 기본적인 몸 갖춤과 훈련법을 담고 있다. 두 번째 장인 임장해식臨場楷式에서는 사대에 올라 시위에 화살을 거는 법을 시작으로 과녁을 겨냥하는 법까지 집궁執弓에서 발시發矢, 활 거둠 등 활쏘기할 때 움직이는 모습을 순차적으로 분석했다. 마지막에는 활쏘기의 핵심을 14가지의 짧은 구결로 정리해 암기할 수 있도록 했다. 세 번째 장에는 자병疵病이라고 해서 활쏘기의 문제를 일종의 질병처럼 생각하고 의사가 진단하듯 원인을 분석했다. 네 번째 장에는 풍기風氣라고 해서 활을 쏠 때 가장 먼저 살펴야 하는 바람과 온도를 중심으로 변화하는 겨눔법과 활 관리법 등을 정리했다. 다섯 번째 장에서는 기구器具라고 해서 활과 화살을 만드는 법과 뒤틀림 없이 관리·보관하는 방법을 구체적으로 설명했다. 활 쏘는 사람이 활과 화살을 만드는 법까지 직접 배울 필요까지는 없지만, 어떻게 만들어지고 재료가 무엇인지를 알아야 정교하게 활을 관리하고 쏠 수 있기 때문에 따로 정리한 것이다.

『신기비결』

한효순韓孝純이 1603년(선조 36) 함경도순찰사로 재임할 때 편찬한 병서로, 주로 화약 병기의 장방법裝放法과 제가병법諸家兵法을 해설한 책이다. 조선시대에는 조총을 쏘는 것도 무예로 인정받았다. 『신기비결神器秘訣』은 당대 화약 무기의 사용법이나 구조를 이해하는 데 좋은 사료다. 편저자의 발문을 보면 간행 목적을 다음과 같이 기술하고 있다.

"삼강군三江郡에 가정 44년(1565)에 인간한 『총통식銃筒式』 한 편이 있으나 누가 지은 것인지 모르며, 그 해설이 간략하고 서술이 매우 조루하다. 더욱이 각종 화기의 사용에 필요한 화약과 화약선火藥線의 분량, 탄자彈子의 다소와 총창銃槍의 장방법, 군졸이 이를 연습하는 법에 있어서 모두 상세하지 않다. 그러므로 병졸이 어찌 용법을 알아 그 묘미를 터득할 수 있겠는가.

이에 내가 『총통식』에 약간의 첨삭을 가하고, 아울러 『기효신서紀效新書』에 소재되어 있는 화기론을 첨가해 『신기비결』이라고 이름한다."

『신기비결』의 내용 중 조총 훈련을 보면 요즘의 군가처럼 노래로 사용법을 익히게 하는 총가銃歌가 실려 있다. 총을 깨끗이 손질하는 세총洗銃을 비롯해 화약선의 삽입·화약·복지覆紙·송자送子·목마木馬·송자·연자鉛子 등 약 10여 단계에 이르는 장전 과정을 자세하게 설명했다. 특히 전투 중 발생할 수 있는 다양한 사고를 예를 들어 설명하고 있어 당시 전투 중 발생한 다양한 상황을 그려볼 수 있다. 대포·불랑기·조총 연습법을 설명했으며, 신기해神器解·조총해鳥銃解·단기장용해短器長用解에서 각 화기의 유래와 특징을 해설했다.

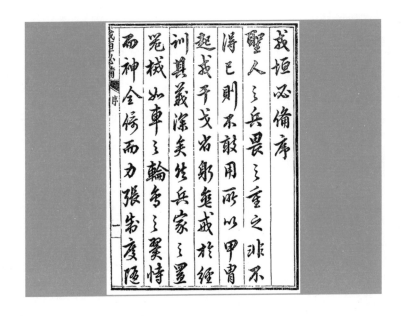

『융원필비』

『융원필비戎垣必備』는 1813년(순조 13) 박종경朴宗慶이 훈련도감에서 편집, 간행한 군사 기술에 관한 책이다. 1권 1책, 목활자본으로 각종 무기를 도해하고, 규격과 용법 설명을 붙였다. 홍경래의 난 때 훈련대장을 맡았던 박종경은 난이 끝난 후 군대를 점검하고 관련 장부를 검토하는 등 외란과 내치.대비책을 고민했다. 그 과정에서 군영의 무기를 집중적으로 연구해 만든 책이 『융원필비』다.

　　『융원필비』의 내용을 구체적으로 살펴보면, 먼저 기계총론器械總論이라 해서 전쟁에서 사용하는 무기의 의미와 간단한 원리를 해석했다. 다음 장은 화기류火器類, 봉인류鋒刃類, 진류陣類 순으로 구성했다. 화기류는 총통銃筒,

완구碗口, 장군전將軍箭을 비롯한 대형 화기뿐만 아니라 개인 병기에 속하는 조총, 땅에 매설해 폭발시키는 매화埋火 등 총 22가지 화약 무기의 제조 방법과 사용법을 수록했다. 다양한 신무기 개발과 기존 무기 보수 작업을 진행해 그 결과물을 집약한 것이다. 따라서 『융원필비』는 단순한 무기서가 아니라, 홍경래의 난을 거치면서 변화한 전법의 흐름을 구체적으로 담은 병서라고 볼 수 있다.

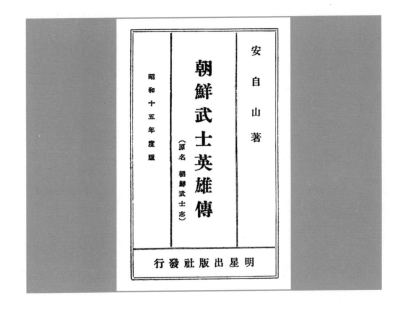

『조선무사영웅전』

『조선무사영웅전朝鮮武士英雄傳』은 대한제국 말에서 일제강점기를 살다 간 국학자 자산 안확安廓이 1940년에 펴낸 한국 무예사 연구서다. 안확은 독립운동가이자 국학자로서 어학, 문학, 정치, 역사, 종교, 철학, 체육 등 다양한 분야의 글을 남겼다. 『조선무사영웅전』에서는 조선 무사도의 시작과 발전 과정을 밝히며 무예의 역사와 특성, 각 시대별 무사의 유형과 정신 등 한국의 무武 문화를 종합·정리했다.

안확은 체육 교육의 중요성을 주장하고 창신학교에 직접 운동부를 창설하며 교육 현장에서 체육 교육을 실천한 교육자로 알려져 있다. 신체 수련과 전통 무예관 함양을 통해 조선 독립의 새로운 영역을 개척했다.

『조선무사영웅전』은 조선의 대표적 무예인 궁술, 격검, 유술, 경마, 축구, 격구, 석전 등을 소개하는 동시에 권장하고 있다. 조선의 무예를 다른 나라 무예와 비교해 이해하기 쉽게 설명했다. 특히 해부학적 관점에서 정신적 · 육체적으로 체육 훈련 효과를 분석해 이후 체육사 서술의 전범典範이 되었다.